CONEXÃO
UNIVERSITÁRIA
52 reflexões de universitários para universitários

Publicações
Pão Diário

Conexão Universitária:
52 reflexões de universitários para universitários
© 2021 Publicações Pão Diário. Todos os direitos reservados.

Coordenação editorial: Adolfo A. Hickmann
Revisão: Morgana Gonçalves, Adolfo A. Hickmann, Jéssica Pavanelo, Thaís Soler, Lozane Winter
Projeto gráfico: Rebeka Werner
Capa: Raianne Antunes
Escritores: Amanda Vargas, Bruna Petres Willeman, Bruna Santos, Brunna Marques Sepulveda Brum, Caio Augusto Tedesco Romani, Daniel Lima Cunha, Daniel Martinez Corasolla, Diego Lopes Miranda, Elias Júnior dos Santos Sousa, Erasmo de Moraes, Felipe Rayzel, Filippe de Castro Raimundo, Gabriel Morais da Silva, Guilherme Henrique Trevizan, Hamer Iboshi, Jéssica Elaine Pavanelo, Julia Silveira Gonçalves, Kathleen Varela Ribas, Leonardo Gonçalves de Araujo, Luiza Louzas, Matheus Augusto de Souza Lima Silva, Pedro Enrico Mantovan, Rebeca Gandara, Rebeca Loureiro Rebouças, Robin William Batista da Luz, Sheila Hahner, Stephanie Simeia Moreira dos Santos, Tieme Breternitz Harfouche, Verônica Yohana Rojas Juk, William Watson Henriques

Dados Internacionais de Catalogação na Publicação (CIP)

PAVANELO, Jéssica; GONÇALVES, Morgana (Organizadoras)
Conexão Universitária — 52 reflexões de universitários para universitários
Curitiba/PR, Publicações Pão Diário, 2021.
1. Evangelismo   2. Vida cristã   3. Estudo bíblico   4. Devocional semanal

---

Proibida a reprodução total ou parcial, sem prévia autorização, por escrito, da editora.
Todos os direitos reservados e protegidos pela Lei 9.610, de 19/02/1998.
Permissão para reprodução: permissao@paodiario.com

Exceto quando indicado o contrário, os trechos bíblicos mencionados são da Bíblia Sagrada, Nova Versão Transformadora © 2016, Editora Mundo Cristão.

Publicações Pão Diário
Caixa Postal 4190
82501-970 Curitiba/PR, Brasil
publicacoes@paodiario.org
www.publicacoespaodiario.com.br
Telefone: (41) 3257-4028

Código: SA082
ISBN: 978-65-87506-33-3

Impresso no Brasil
1.ª impressão 2021

INTRODUÇÃO

A Rede Universitária é a conexão entre grupos cristãos que estão presentes em ambientes de ensino regular e acadêmico. Ela é composta por jovens de diferentes igrejas que buscam propagar a visão do Reino de Deus. Essa conexão foi criada por um grupo de pastores da cidade de Curitiba (Lucas Zub Dutra — Primeira Igreja Batista de Curitiba, Flavius Garcia e Vagner Forte Hanssen — Comunidade Cristã de Curitiba, Carlos Napoli Vieira — Primeira Igreja do Evangelho Quadrangular e Gabriel Dayan — Comunidade Alcance Curitiba), com o objetivo de realizar atividades evangelísticas, ultrapassando as barreiras do espaço religioso.

A Rede busca a aproximação entre as igrejas e outras instituições da sociedade, pois entende e acredita que cada pessoa é importante e que os meios acadêmicos também precisam ser alcançados com o amor de Deus. Como participantes desse movimento, nossa busca sincera é pela unidade em Cristo.

Hoje você tem em suas mãos um dos resultados disso: o devocional Conexão Universitária, escrito por universitários de diferentes cursos e denominações, com a crença em comum de que Jesus é o único e suficiente Senhor e Salvador.

Sabemos que todos nós precisamos de palavras que revigorem o coração e alegrem a alma. O Senhor nos deixou Sua Palavra, a Bíblia, para que, por meio dela, pudéssemos conhecê-lo e seguir os Seus caminhos. Os ensinamentos de Jesus estão à disposição do povo de Deus há milhares de anos, e continua falando conosco, através deles, de forma singular.

Compreendemos que as reflexões que você encontrará aqui foram direcionadas por Deus para encorajar, sanar dúvidas e promover a unidade entre o Seu povo presente nas universidades. Afinal, o apóstolo Paulo nos exorta: "Façam todo o possível para se manterem unidos no Espírito, ligados pelo vínculo da paz" (EFÉSIOS 4:3). A unidade já foi estabelecida e é nosso dever mantê-la.

Então, quando você estiver em uma situação adversa com alguém que parece não estar disposto a andar em unidade, creia que espiritualmente o Espírito Santo já percorreu o caminho para essa unidade acontecer. Logo, o nosso papel é crer e trazê-la à existência através do nosso esforço em mantê-la, pois ela já existe em Cristo.

Que você, universitário, seja edificado e desafiado a viver para e em Cristo, pelas palavras aqui compartilhadas. Tenha bom ânimo para manter a unidade — trabalho que temos buscado realizar até aqui.

GUILHERME TREVIZAN
JÉSSICA PAVANELO

SEMANA 1

TIMÓTEO, UM AGENTE DE TRANSFORMAÇÃO

ONDE ENCONTRAR NA BÍBLIA?

1 CORÍNTIOS 4:17
Por isso enviei Timóteo, meu filho amado e fiel no Senhor. Ele os lembrará de como sigo Cristo Jesus, de acordo com o que ensino em todas as igrejas, em qualquer lugar aonde vou.

1 CORÍNTIOS 16:10-11
Quando Timóteo chegar, não deve se sentir intimidado por vocês. Ele está realizando a obra do Senhor, assim como eu. Não deixem que ninguém o trate com desprezo. Enviem-no de volta para mim com sua bênção. Espero que ele venha junto com os demais irmãos.

1 TIMÓTEO 4:12-16
Não deixe que ninguém o menospreze porque você é jovem. Seja exemplo para todos os fiéis nas palavras, na conduta, no amor, na fé e na pureza. Até minha chegada, dedique-se à leitura pública das Escrituras, ao encorajamento e ao ensino. Não descuide do dom que recebeu por meio de profecia quando os presbíteros impuseram as mãos sobre você. Dedique total atenção a essas questões. Entregue-se inteiramente a suas tarefas, para que todos vejam seu progresso. Fique atento a seu modo de viver e a seus ensinamentos. Permaneça fiel ao que é certo, e assim salvará a si mesmo e àqueles que o ouvem.

Os princípios bíblicos são essenciais para o nosso relacionamento com Deus. Diante da constante banalização desses princípios, nós, cristãos, buscamos por referenciais de conduta e exemplos para tomar as decisões segundo a vontade do Senhor.

Com as cartas de Paulo a Timóteo, podemos ver como, independentemente da idade, podemos ser exemplo para os que estão ao nosso redor, expressando a cultura do Reino e implantando-a.

A primeira carta destinada a Timóteo foi escrita por volta de 62 d.C., entre a primeira e a segunda prisão de Paulo. A primeira prisão foi impulsionada pelos judeus, e a segunda pela perseguição romana. Paulo, como representante do evangelho, busca em Timóteo alguém que possa propagar o Caminho para aqueles que ainda não o conhecem.

A primeira carta a Timóteo é conhecida como uma carta pastoral, pois é enviada a ele enquanto estava sendo direcionado para pastorear a Igreja em Éfeso, uma grande cidade da época, polo das novidades e de tudo o que era "tendência" para o restante da Ásia. Era uma cidade geograficamente estratégica, uma cidade central.

Observando a vida desse jovem, temos noção do quanto Deus quer que sejamos agentes de transformação e que carreguemos conosco a essência de Cristo. Isso é suficiente, independentemente da idade, posição e contexto. Jesus é suficiente!

FALANDO SOBRE O ASSUNTO

🔖 Timóteo vivia apesar das limitações

Em 1 Timóteo 4:12, vemos que Timóteo era um jovem. De acordo com a tradição judaica, ele era considerado novo para o cargo que Paulo o designara. Alguns historiadores acreditam que ele tinha apenas 25 anos. Isso mesmo! Com apenas 25 anos, Paulo o impulsionava a ser o pastor de uma grande cidade, que exportaria seus ensinamentos para toda a Ásia!

Muitas vezes achamos que somos jovens demais para fazer o que Deus quer que façamos. Na verdade, isso é apenas uma mentira. A própria Bíblia afirma que nós somos fortes e que já vencemos o maligno (1 JOÃO 2:14). Se Deus mandou fazer, faça!

Além de jovem, algumas passagens dão a entender que Timóteo era um pouco tímido (2 TIMÓTEO 1:6-10). Assim como ele, muitas vezes temos medo de falar com as pessoas e assumirmos o que Deus quer que façamos, por pensarmos no que os outros acham de nós. Mas devemos ter em nossa cabeça que "Deus e eu sempre seremos maioria". Quem se dispuser a ser guiado por Deus será orientado pelo Senhor no que falar.

As limitações de Timóteo eram apenas essas? Não! A Palavra também diz que ele possuía problemas de saúde frequentes (1 TIMÓTEO 5:23). Mas só isso? Não! Muitas outras dificuldades possivelmente devem ter aparecido diante de Timóteo, como ter deixado tudo para trás para viver o evangelho, incluindo família e vida profissional, mas ele entendeu quem era e o que Deus queria que ele fizesse: ser um agente de transformação!

🔖 Timóteo amou a Deus

Quando Timóteo conheceu a verdade, largou tudo e dedicou-se ao máximo à pregação do evangelho e à obra de Deus. Será que assim como ele, estaríamos dispostos a largar tudo e viver única e exclusivamente para Deus?

Timóteo foi cooperador no evangelho juntamente com Paulo, em meio a perseguições e ameaças de morte. Ele era comprometido com a obra de Deus a qualquer custo. Colocou a obra de Deus acima das dificuldades e de si mesmo. Ele não abandonou o barco!

Apesar de suas limitações, como timidez, juventude e doenças, ele não deixou de fazer aquilo que Deus o chamou para fazer.

QUESTÕES PARA DEBATE

1. Você está comprometido com o evangelho e a obra de Deus?
2. Quantas vezes você deixa que pequenas dificuldades o tirem do foco da Palavra e do evangelho?
3. O que tem tomado o lugar de Deus e de Seu Reino em sua vida?
4. Você tem colocado a dificuldade dos irmãos em Cristo acima das suas?

ORAÇÃO

Jesus, obrigado por me amar e revelar-me quem tu és e quem eu sou. Obrigado, porque tu me tiras o medo e ages, apesar das minhas limitações. Ajuda-me a não colocar empecilhos para fazer o que queres que eu faça. Que eu dependa totalmente do Teu agir e que, por meio da minha vida, a cultura do Reino venha impactar vidas; que o Teu Reino venha a ser expandido. Em Teu nome, Jesus, amém!

ERASMO E LUIZA MORAIS
Engenharia de Controle e Automação e Design UTFPR — UTFPR em Cristo

ANOTAÇÕES

SEMANA 2

O PERIGO DE VIVER SEGUNDO A CARNE

Ao ingressarmos na vida acadêmica, deparamo-nos com um misto de emoções perante as atividades universitárias: festas, times esportivos e conhecimento de novas pessoas. Porém nem sempre estamos acostumados e preparados para lidar espiritualmente com esses novos eventos do ingresso universitário, correndo grande risco de ceder aos desejos da natureza humana.

ONDE ENCONTRAR NA BÍBLIA?

PROVÉRBIOS 1:10
Meu filho, se pecadores quiserem seduzi-lo, não permita que isso aconteça.

MATEUS 26:41
Vigiem e orem para que não cedam à tentação, pois o espírito está disposto, mas a carne é fraca.

TIAGO 1:15
Esses desejos dão à luz o pecado, e quando o pecado se desenvolve plenamente, gera a morte.

FALANDO SOBRE O ASSUNTO

Vivendo segundo a carne

Quem vive segundo a carne não agrada a Deus e é inimigo de Deus. "Pois a mentalidade da natureza humana é sempre inimiga de Deus. Nunca obedeceu às leis de Deus, e nunca obedecerá. Por isso aqueles que ainda estão sob o domínio de sua natureza humana não podem agradar a Deus" (ROMANOS 8:7-8). O fruto da carne é a morte "porque, se viverem de acordo com as exigências dela, morrerão..." (ROMANOS 8:13). Segundo Paulo, quando se seguem "os desejos da natureza humana, os resultados são extremamente claros: imoralidade sexual, impureza, sensualidade, idolatria, feitiçaria, hostilidade, discórdias, ciúmes, acessos de raiva, ambições egoístas, dissensões, divisões, inveja, bebedeiras, festanças desregradas e outros pecados semelhantes. Repito o que disse antes: quem pratica essas coisas não herdará o Reino de Deus" (GÁLATAS 5:19-21).

Como fugir dos desejos carnais?

O apóstolo Paulo adverte: "Fuja de tudo que estimule as paixões da juventude. Em vez disso, busque justiça, fidelidade, amor e paz, na companhia daqueles que invocam o Senhor com coração puro" (2 TIMÓTEO 2:22). Para conseguirmos fugir das paixões, devemos também estar firmes em oração: "Vigiem e orem para que não cedam à tentação..." (MATEUS 26:41). O Senhor nos orienta a estudar a Bíblia para que possamos guardar, em nosso coração, a Palavra e não pecar contra Ele (SALMO 119:1). Dessa forma, podemos colocar em prática este conselho de Paulo: "...tornem-se cada vez mais fortes, vivendo unidos com o Senhor e recebendo a força do seu grande poder. Vistam-se com toda a armadura que Deus dá a vocês, para ficarem firmes contra as armadilhas do Diabo" (EFÉSIOS 6:10-11 NTLH).

QUESTÕES PARA DEBATE

1. Quanto tempo você dedica à oração?
2. Você estuda a Bíblia diariamente?
3. O que tem feito para resistir às tentações?

ORAÇÃO

Senhor Jesus, obrigada por ter me mostrado, por meio da Tua Palavra, como fugir das tentações e do pecado. Obrigada, Senhor, por me fazeres compreender o quão importante é me manter firme na Palavra. Pai, eu peço, neste momento, que me ajudes e me dês forças todos os dias para persistir em oração e no estudo diário da Tua Palavra, para que assim eu consiga vencer todas as armadilhas do diabo. Em nome de Jesus, amém.

STEPHANIE SIMEIA
Biotecnologia — PUC/PR

SEMANA 3

COMO CUMPRIR O CHAMADO?

Muitas vezes, temos medo de assumir as responsabilidades que Deus coloca em nossas mãos. Temos medo de falhar, de não sermos bons o suficiente, de deixarmos a desejar, de passarmos vergonha.

Existem alguns princípios que podemos seguir para cumprir, com excelência, o chamado que Deus nos faz.

FALANDO SOBRE O ASSUNTO

Na passagem de Josué 1:9, Josué está recebendo o cargo de liderança de toda a nação de Israel. Ele ocupará o lugar de Moisés, um dos maiores heróis da fé na Bíblia. O trecho dá a entender que Josué sentiu medo ao se deparar com aquela realidade, uma vez que seria responsável por liderar o povo no cumprimento da promessa de Deus de conquistar a Terra Prometida.

Josué teve medo e ainda assim foi bem-sucedido. Então, creio que a pergunta mais importante aqui não é se você teria medo, mas o que faria com o chamado de Deus, mesmo tendo medo?

Se Deus chama você para cumprir uma tarefa, é normal temer. Você não é inferior a ninguém por causa disso. Na verdade, o temor mostra que você está lidando com a situação, sabendo da responsabilidade que isso envolve; significa que seus olhos estão abertos para a real influência do seu chamado.

Nesse caso, então, o que fazer?

ONDE ENCONTRAR NA BÍBLIA?

JOSUÉ 1:8-9

Relembre continuamente os termos deste Livro da Lei. Medite nele dia e noite, para ter certeza de cumprir tudo que nele está escrito. Então você prosperará e terá sucesso em tudo que fizer. Esta é minha ordem: Seja forte e corajoso! Não tenha medo nem desanime, pois o SENHOR, seu Deus, estará com você por onde você andar.

MATEUS 14:29

"Venha!", respondeu Jesus. Então Pedro desceu do barco e caminhou sobre as águas em direção a Jesus.

Para responder a essa pergunta, separei três fundamentos essenciais que a Bíblia nos ensina com relação ao cumprimento do nosso chamado:

✎ Aprenda com quem já fez

Empenhe-se em aprender o máximo que puder com seus líderes e pessoas que admira na fé. Podemos ver, na história de Moisés, que Josué sempre o acompanhava em tudo o que ele fazia, principalmente quando se encontrava com Deus. Josué seguia o exemplo de Moisés com relação a buscar ao Senhor, observava a forma como conduzia o povo, como tomava suas decisões para o destino da nação e muito mais.

Isso não fará você estar totalmente preparado, mas com certeza vai guiá-lo em muitos momentos.

Compreenda que, muitas vezes, você viverá tempos difíceis. Nesses períodos, terá oportunidades de aprender em quais promessas do Senhor outros mais experientes na fé se asseguraram para vencer as dificuldades. Portanto, ter modelos cristãos em quem se espelhar é de grande importância.

✎ Tenha um relacionamento íntimo com Deus

Nosso primeiro chamado, o qual está acima de todos, é para a salvação, estarmos reconciliados com Deus em Cristo, e a partir daí buscá-lo com integridade de coração e sermos apaixonados por quem Ele é. De nada adianta fazermos obras e mais obras em nome de Deus, e nunca o conhecermos verdadeiramente (JOSUÉ 1:8; SALMO 27:4; MATEUS 7:22-23).

Nosso maior propósito, na pregação do evangelho e no cumprimento de nosso chamado, é levar pessoas a conhecerem o Cristo que conhecemos. Não temos como pregar Cristo sem o conhecermos; não temos como dar bons frutos sem o Espírito Santo. Portanto, sem relacionamento com Deus, não há ministério, assim como sem fé não há como agradá-lo.

✎ Creia na Palavra

Creia na Palavra de Deus sobre a sua vida. Josué creu que conquistaria a Terra Prometida e seguiu confiante. Um grande exemplo de fé foi o de Pedro quando andou sobre as águas. Pedro não andou sobre as águas porque era melhor que os outros discípulos, mas porque ele recebeu uma palavra do Senhor: "Venha!" (MATEUS 14:29). Ao crer nessa palavra, pôde experienciar algo espetacular na vida dele, algo totalmente sobrenatural. Portanto, se seguirmos pelo caminho para o qual Deus nos chamou, crendo no evangelho, faremos muito mais do que imaginamos.

Uma coisa é certa: não deixe que o medo tome o lugar do ministério para o qual Deus o tem chamado. Se Ele chamou você, é porque viu sua intenção e o guiará até o fim: "Tenho certeza de que aquele que começou a boa obra em vocês irá completá-la até o dia em que Cristo Jesus voltar" (FILIPENSES 1:6).

QUESTÕES PARA DEBATE

1. Será que também sentimos medo quando somos chamados por Deus para realizar algo?
2. Se Deus chamar você para ocupar um cargo de grande responsabilidade, você terá medo?
3. Se Deus o chamar para o cumprimento da promessa dele ao mundo, isso o amedrontará?

ORAÇÃO

Pai, guia-nos para aprender mais de ti, enche nosso coração com os sonhos que tu tens para a nossa vida. Não permitas, Pai, que façamos a nossa vontade, que nos guiemos por achismos ou pelas circunstâncias, mas que, em tudo, possamos ser orientados pela Tua Palavra e pelo Teu Espírito. Dá-nos força e coragem para cumprir a Tua obra, Senhor. Amém!

PEDRO MANTOVAN
Engenharia de Controle e Automação — UTFPR em Cristo

ANOTAÇÕES

SEMANA 4

SINAIS QUE NOS SEGUEM

ONDE ENCONTRAR NA BÍBLIA?

LUCAS 9:1-2

Jesus reuniu os Doze e lhes deu poder e autoridade para expulsar todos os demônios e curar enfermidades. Depois, enviou-os para anunciar o reino de Deus e curar os enfermos.

JOÃO 14:12

Eu lhes digo a verdade: quem crê em mim fará as mesmas obras que tenho realizado, e até maiores, pois eu vou para o Pai.

Durante a Sua vida terrena, Jesus andou por todo o território que lhe era possível, anunciando o evangelho e realizando vários milagres.

Aqueles que o seguiam viam o tempo todo pessoas curadas de doenças incuráveis e endemoniados sendo libertos.

Mas o tempo em que Ele caminhava fisicamente sobre a Terra chegou ao fim, e o mesmo poder que Ele teve para realizar essas obras foi dado aos Seus discípulos.

FALANDO SOBRE O ASSUNTO

A missão de Jesus era morrer para que pudéssemos obter a salvação e reconciliação com o Pai. Se Jesus tivesse feito apenas isso, já teria sido o suficiente para todos nós. Em Colossenses 1:15-20, é possível perceber o plano completo para alcançar a reconciliação. Por onde andava, Jesus anunciava a chegada do Reino de Deus. Entretanto, as pessoas vinham até Ele nem tanto pela mensagem, mas pelos milagres que realizava.

Jesus não tinha obrigação nenhuma de fazer tudo o que fez, mas realizou os milagres que já conhecemos e, de acordo com João, tantos outros que não seria nem mesmo possível escrever (JOÃO 21:25), por uma única razão: o Reino de Deus é mais do que apenas palavras — é poder (1 CORÍNTIOS 4:20).

Chamados para demonstrar o poder de Deus

Se, por um lado, Jesus não tinha a obrigação de realizar todas essas obras, a missão que Ele nos deixou, antes de voltar aos Céus, foi justamente a de demonstrar o poder de Seu Reino através delas.

Tendemos a pensar que a Grande Comissão é ir por todo mundo e anunciar o evangelho, mas isso é apenas parte do que Jesus nos ordenou fazer. Ele falou em fazer discípulos, batizá-los e ensiná-los. Isso implica arrependimento do pecado, confiança em Jesus para a salvação e obediência aos Seus ensinamentos. — isso faz parte da nossa missão!

João também nos relata que os milagres que Jesus realizou foram registrados em seu livro para que os que o lessem cressem em Jesus (JOÃO 20:30-31).

Se apenas lendo já somos levados a crer em Jesus, quanto mais vendo milagres acontecendo bem diante de nossos olhos.

Os sinais manifestam o Reino de Deus

O evangelho em nossa vida deve ser mais do que algumas palavras que decoramos! O último versículo do livro de Marcos diz que os discípulos iam pregando por todas as partes e os sinais de Deus iam confirmando as palavras deles (MARCOS 16:20). Os discípulos não se preocupavam em convencer as pessoas por meio de uma oratória perfeita ou de uma exegese surpreendente: eles apenas anunciavam o evangelho e mostravam o quanto ele é real.

Enquanto nos limitarmos a falar sobre o evangelho, estaremos negligenciando a fé, em Cristo Jesus, dos que nos ouvem. A partir do momento em que sairmos da nossa zona de conforto, em que apenas falamos e decidirmos mostrar ao mundo o quão reais são as palavras que pregamos, os sinais de Deus surgirão e se encarregarão de confirmar tudo.

O evangelho que anunciamos é real!

Que possamos viver de acordo com essa realidade. Viva o evangelho! Tenha coragem! Jesus nos deu o Seu poder para realizar grandes coisas. Está na hora de nossas palavras se mostrarem reais pelos sinais de Deus!

QUESTÕES PARA DEBATE

1. Os sinais de Deus seguem as Suas palavras?
2. O que você tem a mostrar para a multidão que se aproxima para ver Jesus em sua vida?
3. O que impede você de viver o sobrenatural de Deus hoje?

ORAÇÃO

Pai, não quero viver apenas falando do Teu poder, sobre o que tu podes fazer. Quero viver uma vida de milagres; quero viver o sobrenatural; quero viver para mostrar a esse mundo que o Teu Reino não é apenas palavras bonitas, mas é real. Quero viver para mostrar que aquilo que o Senhor fez no passado, pode fazer de novo diante dos nossos olhos. Que eu possa usar esse poder que tu nos concedes para manifestar o Teu Reino aqui nesta Terra e, dessa forma, glorificar o Teu nome.

ELIAS SOUSA
Letras/Português — Dunamis Pockets UFPR

ANOTAÇÕES

SEMANA 5

VIVENDO O AMOR

Em uma sociedade em que a ideia de amar o próximo está tão subvertida, é importante entender o que isso realmente significa. Há tantas campanhas que falam em favor do amor, mas Cristo nos ensina que o amor é algo para se viver. Vamos tentar entender o que esses versículos nos dizem.

ONDE ENCONTRAR NA BÍBLIA?

MATEUS 22:39

Ame o seu próximo como a si mesmo.

1 JOÃO 4:20

Se alguém afirma: "Amo a Deus", mas odeia seu irmão, é mentiroso, pois se não amamos nosso irmão, a quem vemos, como amaremos a Deus, a quem não vemos?

FALANDO SOBRE O ASSUNTO

Que amor é esse?

Encontramos a resposta em 1 João: "Sabemos o que é o amor porque Jesus deu sua vida por nós. Portanto, também devemos dar nossa vida por nossos irmãos" (3:16).

O amor é um ato e ele precisa ser demonstrado.

Há uma canção que se espalhou no meio evangélico, o nome dela é Ousado amor (Bethel Music). A letra afirma que não podemos comprar ou merecer o amor de Deus.

Jesus é o verdadeiro amor, pois Ele agiu em nossa direção, dando a Sua própria vida por nós. Amor é um ato de sacrifício, de serviço aos outros.

"Mas Deus demonstra seu amor por nós: Cristo morreu em nosso favor quando ainda éramos pecadores" (ROMANOS 5:8).

Ele nos serviu com Sua vida, e nós amamos quando oferecemos a nossa.

Quem é o nosso próximo?

A Palavra de Deus diz: "Se alguém afirma: 'Amo a Deus', mas odeia seu irmão, é mentiroso, pois se não amamos nosso irmão, a quem vemos, como amaremos a Deus, a quem não vemos?" (1 JOÃO 4:20).

Existem tantas pessoas ao nosso redor que não enxergamos, mas também existem aquelas que enxergamos e ignoramos. Entendo que agimos assim porque não sabemos o que é o amor; quando conhecemos a fonte de todo o amor, nossos olhos se abrem e passamos a enxergar todos.

Depois disso, a necessidade daqueles que estão ao nosso redor passa a ser a nossa necessidade, assim os serviremos, daremos nossa vida, e mesmo que não tenhamos condições, daremos o que estiver ao nosso alcance.

Amar a si mesmo

Como é importante estarmos vazios de nós mesmos, e cheios de Jesus, pois o amar a si mesmo não está relacionado com o "eu" inflado e egocêntrico. Mas sim ao amor sacrificial, ao servir com sua vida, e ao fazer o que Jesus faria por outra pessoa, pois o nosso "eu" não faz nem faria muito pelo próximo.

Para aprender a amar o próximo como amamos a nós mesmos, temos que realmente buscar cumprir o primeiro mandamento: "amar a Deus" (MARCOS 12:30). Quando amamos, descobrimos e entendemos quem somos e como é grande o amor do Pai por nós; assim, após tal compreensão, amamos o próximo.

QUESTÕES PARA DEBATE

1. O que a sociedade diz sobre o que é amor?
2. Você percebe a necessidade das pessoas ao seu redor?
3. Costuma colocar suas necessidades antes das de sua família e amigos?

ORAÇÃO

Pai, obrigada pelo Teu sacrifício que me dá vida, que abre meus olhos para entender o que é o amor. Ensina-me a viver e a demonstrar o Teu amor a todos ao meu redor. Que eu não busque os meus interesses pessoais, e por vezes egoístas, mas que venha a conhecer a Cristo e ser cada vez mais parecido com Ele. Sei que se assim for, agirei melhor com os que estão ao meu redor. Obrigada por me amar, mesmo quando erro em amar. Leva-me para mais perto de ti. Em nome de Jesus. Amém.

JÉSSICA PAVANELO
Letras Português/Inglês — UTFPR em Cristo

ANOTAÇÕES

SEMANA 6

OS INSTRUMENTOS NECESSÁRIOS

ONDE ENCONTRAR NA BÍBLIA?

ÊXODO 4:2-4

Então o SENHOR lhe perguntou: "O que você tem na mão?". "Uma vara", respondeu Moisés. "Jogue-a no chão", disse o SENHOR. Moisés jogou a vara no chão, e ela se transformou numa serpente. Moisés fugia dela, mas o SENHOR lhe disse: "Estenda a mão e pegue-a pela cauda". Moisés estendeu a mão e pegou a serpente, e ela voltou a ser uma vara.

ÊXODO 9:23

Moisés estendeu a vara em direção ao céu, e o SENHOR mandou trovões e granizo, além de raios que caíam sobre a terra. O SENHOR enviou uma horrível tempestade de granizo sobre todo o Egito.

Após assassinar um egípcio, Moisés se escondeu na terra de Midiã, onde se casou e durante muitos anos viveu apascentando as ovelhas do rebanho de seu sogro. O homem que havia nascido com a única missão de libertar o povo de Israel do Egito, agora estava em uma terra distante, escondendo-se do faraó.

Moisés pode ter errado, mas os planos de Deus não mudaram por conta desse erro. Após a morte do antigo faraó, Deus aparece a Moisés no deserto e o manda voltar ao Egito para pedir liberdade ao seu povo.

Mas como o faraó acreditaria que era o Senhor quem enviara Moisés? Deus então manda que Moisés lance seu cajado no chão e o cajado transforma-se em uma cobra; quando Moisés pega a serpente pela cauda, ela volta a ser cajado. Deus realmente estava com ele.

Por ter um coração endurecido, o faraó recusou-se a libertar os hebreus, e esse mesmo cajado se tornou o instrumento pelo qual Deus realizou diversas maravilhas no Egito para manifestar o Seu poder. Mas uma coisa nos chama a atenção aqui: quando Deus deu esse cajado "mágico" a Moisés?

FALANDO SOBRE O ASSUNTO

Não é relatado na Bíblia em qual momento Moisés recebe esse cajado e, para falar bem a verdade, não há necessidade nenhuma para isso; o cajado não era mágico, e nem havia nada de especial nele. Aquele era um simples cajado que Moisés usava para realizar seu trabalho no campo.

O Deus que nos capacita

Quando Moisés recebe sua missão, ele desespera-se por pensar que não teria capacidade para guiar o povo de Israel, mas Deus olha para ele e pergunta: "O que você tem na mão?" (ÊXODO 4:2), Moisés olha para a sua mão e provavelmente pensou: "é apenas um velho cajado que eu uso há tempos para apascentar as ovelhas, apenas um pedaço de madeira". E Moisés até estaria certo ao pensar dessa forma porque, nas suas mãos era apenas um cajado, mas nas mãos de Deus era o instrumento pelo qual Ele libertaria o Seu povo.

Muitas vezes nos encontramos na mesma situação que Moisés estava: o Senhor nos chama para a Sua obra e questionamo-nos como vamos cumprir a missão que nos foi dada, achamos que não somos capazes ou que não temos os meios necessários para isso. Mas olhe bem para as suas mãos e veja o que há nelas? Que habilidades e conhecimentos você já adquiriu durante todo esse tempo no deserto?

Deus dá a cada um de nós as habilidades e ferramentas necessárias de acordo com nossas capacidades (MATEUS 25:15); Ele nos dá os dons que precisamos para realizar a obra a qual fomos chamados, mas a forma como usamos nossos talentos depende unicamente da nossa fé (ROMANOS 12:6).

Nosso Senhor não está lhe dando uma responsabilidade que você não está pronto para assumir; se o Pai confiou algo a você é porque Ele já lhe deu, em algum momento lá atrás, todas as ferramentas que você precisa para concluir a obra que Ele lhe pediu para fazer; porém a decisão de confiar em Deus e colocar essas ferramentas nas mãos dele é você quem deve tomar.

Você pode usar seu cajado para libertar pessoas da escravidão (LUCAS 4:18). Ou pode apenas ignorar tudo isso e voltar a viver de forma sossegada no campo, enquanto se esconde do faraó e pensa que não é capaz de fazer nada (ÊXODO 3:11). Mas lembre-se: se foi mesmo Deus quem o chamou, você não estará sozinho, pode confiar nele (JOSUÉ 1:5-9).

QUESTÕES PARA DEBATE

1. Que habilidades você tem que podem ser usadas para cumprir o seu chamado?
2. O que você tem feito com os talentos que Deus lhe deu?
3. Você tem confiado a Ele tudo o que tem em suas mãos? De que forma isso se demonstra.

ORAÇÃO

Pai, sei que se és tu quem estás me chamando, não há o que temer. Sei que se o Senhor confiou em mim é porque sabes que sou capaz de fazer a Tua vontade. Meu Deus, não quero enterrar meus talentos, não quero esconder aquilo que tu mesmo me entregaste, mas quero que todas as minhas habilidades, todos os meus conhecimentos e todos os meus dons estejam em Tuas mãos e que assim como o Senhor usou um simples cajado para abrir o mar e tirar o Teu povo da escravidão, que aquilo que eu tenho venha ser usado por ti para libertar muitas outras pessoas das correntes do pecado. Pai, dou a ti hoje a liberdade para agires através da minha vida, pois sei que estás comigo, e se tu estás comigo não tenho o que temer. Eu confio em ti.

ELIAS SOUSA
Letras/Português — Dunamis Pockets UFPR

ANOTAÇÕES

SEMANA 7

DEPENDÊNCIA

Hoje vamos conversar sobre a nossa dependência em Deus, e a respeito de como Ele nos criou para nos relacionarmos com Ele, buscando na Sua vontade o nosso propósito.

FALANDO SOBRE O ASSUNTO

Vivemos em uma sociedade que supervaloriza o famoso "Independência ou morte!". Lemos em textos de autoajuda, em posts no *Instagram* e constantemente ouvimos de nossos amigos e familiares: "Não dependa de ninguém".

Contudo, não podemos dizer que a responsabilidade por esse tipo de pensamento se deve apenas à mídia ou aos outros. Se formos sinceros, assumimos que temos, dentro de nós, um forte desejo e ambição de estarmos no controle de nossa vida. Não queremos abrir mão de decidir e orientar aquilo que fazemos, afinal "só eu posso saber o que é melhor *pra* mim!".

Nossa mente precisa urgentemente de renovação. O Deus criador de todas as coisas não nos criou para estarmos no controle, mas para construirmos um relacionamento de profunda confiança com Ele. Um relacionamento que produza em nós o entendimento de que a vontade de Deus é sempre boa, perfeita e agradável. De maneira que as orientações do Senhor sejam sempre o nosso plano A.

Vamos dar uma olhada no texto que relata a história da viúva pobre.

ONDE ENCONTRAR NA BÍBLIA?

LUCAS 21:1-4

Estando Jesus no templo, observava os ricos depositarem suas contribuições na caixa de ofertas. Então uma viúva pobre veio e colocou duas moedas pequenas. Jesus disse: "Eu lhes digo a verdade: esta viúva pobre deu mais que todos os outros. Eles deram uma parte do que lhes sobrava, mas ela, em sua pobreza, deu tudo que tinha".

ROMANOS 12:2

Não imitem o comportamento e os costumes deste mundo, mas deixem que Deus os transforme por meio de uma mudança em seu modo de pensar, a fim de que experimentem a boa, agradável e perfeita vontade de Deus para vocês.

Talvez você já tenha ouvido falar dessa mulher que entregou tudo o que tinha como oferta no Templo. Mas, o que isso tem a ver com dependência?

Não se apegando ao plano B

Quando pensamos sobre os ricos que também estavam no Templo, observamos que eles estavam dando aquilo que lhes sobrava. De modo que, mesmo depois de ofertarem, eles tinham como sobreviver, estavam seguros.

Já a viúva, escolheu uma vida de dependência, pois havendo dado tudo o que tinha ao Senhor, não possuía um plano B. Apenas a decisão de confiar completamente em Deus e que Ele seria fiel para sustentá-la em todas as coisas.

Dependência em todas as áreas

Às vezes, quando lemos essa história, pensamos que ela se reduz a tratar de dinheiro. Contudo, meditando sobre ela, percebemos que podemos aplicá-la a todas as esferas da nossa vida. Quantas vezes dizemos confiar em Deus, mas no fundo guardamos secretamente um plano B, para o qual poderemos recorrer se o Senhor não cumprir o que prometeu?

Hoje você pode decidir entregar sua vida a Deus e entregar-lhe tudo, pois tenha certeza de uma coisa: Ele é bom, cumpre Suas promessas e a Sua vontade é sempre perfeita.

QUESTÕES PARA DEBATE

1. Você tem entregado quanto de si ao Senhor?
2. Em quais áreas da sua vida você percebe que, secretamente, tem guardado um plano B?
3. Você confia que o Senhor cuidará de você e cumprirá todas as Suas promessas?

ORAÇÃO

Pai, não tenho conseguido confiar completamente em ti. Tento entregar-te tudo, mas ao mesmo tempo a minha mente começa a trabalhar para ver o que eu posso fazer caso o Teu plano não dê certo. Peço perdão por isso, e reconheço que tenho sido orgulhoso ao pensar que sei o que é melhor para mim. Senhor, ajuda-me a conhecer-te e renova a minha mente, pois sei que apenas assim poderei entregar tudo o que tenho e depender totalmente de ti.

SHEILA HAHNER
Pedagogia UFPR — Dunamis Pockets

ANOTAÇÕES

SEMANA 8

PROFUNDIDADE

ONDE ENCONTRAR NA BÍBLIA?

APOCALIPSE 3:20
Preste atenção! Estou à porta e bato. Se você ouvir minha voz e abrir a porta, entrarei e, juntos, faremos uma refeição, como amigos.

JEREMIAS 29:13
Se me buscarem de todo o coração, me encontrarão.

SALMO 42:1
Como a corça anseia pelas correntes de água, assim minha alma anseia por ti, ó Deus.

Vivemos em um tempo em que a superficialidade e a satisfação instantânea são aclamadas. As características de um mundo que, na verdade, é vazio, acabam refletindo-se em nós. O maior problema é que, diversas vezes, acabamos transportando essa superficialidade para o nosso relacionamento com Deus. Porém, somos chamados a viver de maneira profunda: conhecendo a Deus e amando-o antes e acima de todas as coisas! Conhecer o Pai e desenvolver um relacionamento de intimidade com Ele por meio da Sua Palavra, da oração e da comunhão nos proporciona a liberdade que tanto buscamos. Jesus, o Filho do Deus vivo, deseja ter um relacionamento profundo comigo e com você. A única condição para isso é ansiar por Ele, desejá-lo!

FALANDO SOBRE O ASSUNTO

Disposição e perseverança

O escritor russo Liev Tolstói disse certa vez: "Todo mundo pensa em mudar a humanidade; ninguém pensa em mudar a si mesmo". Tantas vezes acostumamo-nos a um cotidiano de experiências tão fúteis ou viver de forma tão rasa que acabamos nos esquecendo de que as melhores coisas demandam certo esforço, principalmente quando isso está relacionado a mudar algo em nós mesmos. Desenvolver um relacionamento diário e profundo com o Criador é a melhor coisa que podemos experimentar!

À medida que aprendemos a caminhar com Ele, finalmente descobrimos quem somos nele. Mas isso requer de nós a disposição e perseverança em querer conhecê-lo e amá-lo cada dia mais. Quando aprendemos a voltar nosso olhar para o alto e colocar a centralidade da nossa vida e a nossa satisfação em Jesus (2 CORÍNTIOS 4:16-18; FILIPENSES 3:4-13 E SALMO 1:2), todo e qualquer esforço para estar mais próximo do Senhor se torna prazeroso, satisfatório, cheio de alegria; isto proporciona paz, descanso e sustento em Seus braços. A verdade é que o mundo e as pessoas têm fome de profundidade, mas quando não estão enraizados no Eterno, infelizmente se perdem.

Reconhecer quem Deus é e quem somos

Alguns versículos como Deuteronômio 7:9; 32:4; 1 João 4:8; Jeremias 32:17 e Miqueias 7:18 nos revelam como o nosso Deus é grande, maravilhoso, soberano, eterno, compassivo e tantas outras mais que poderíamos destacar sobre Seu inigualável caráter. Em contrapartida, versículos como Gênesis 3:19 e o Salmo 103:14 nos mostram como somos pequenos e dependentes do Pai. Quando reconhecemos a Sua grandeza e o quanto precisamos dele, buscar profundidade e intimidade com o Senhor se torna uma necessidade tal como respirar.

Experimentando uma vida de intimidade com Deus

Muitas vezes deixamos que o cansaço, a preguiça e o desânimo nos afastem das coisas que realmente importam.

Imagine a seguinte situação: Já está perto da hora de dormir, você olha para sua Bíblia e pensa coisas do tipo: "Deixa para amanhã! Hoje vou só orar!". Em seguida, você se deita em sua cama, começa a orar e, sem perceber, já cai no sono.

Situações como essas acontecem quando não damos prioridade em buscar um relacionamento verdadeiro e constante com Jesus. Ele não quer que você se sinta obrigado ou que tenha como fardo o orar e o meditar na Palavra, mas sim que você descubra como é prazeroso, transformador e libertador viver na presença dele.

Assim, vale a pena repetir: esteja atento, pois a superficialidade no relacionamento com Deus nos leva a mera religiosidade, porém a profundidade nos conduz à liberdade em Cristo!

Transformação de dentro para fora

Quanto mais intimidade buscamos ter com Jesus e quanto mais profundo vamos nesse relacionamento, mais somos reconstruídos conforme a imagem do próprio Cristo. Deus utiliza a Sua Palavra, a oração, a comunhão, o jejum e tantos outros meios para nos firmar cada vez mais profundamente, de maneira que Ele possa trabalhar em nós e nos transformar. Amar o Pai e viver para Ele nos transforma de dentro para fora, ou seja, as ações de Deus que renovam o nosso interior passam também a gerar resultados em nosso exterior (2 CORÍNTIOS 3:18; ROMANOS 12:2).

Então, podemos dizer que é como um iceberg: se o observamos na superfície, vemos apenas a sua pontinha. Porém, se mergulharmos com profundidade, aí sim seremos capazes de ver o iceberg por completo e conhecer toda a sua grandeza e beleza. Assim também é o nosso relacionamento com Deus.

É tempo de ir além e mergulhar com profundidade no amor do Pai!

QUESTÕES PARA DEBATE

1. Tenho vivido de forma superficial? Justifique.
2. Meu relacionamento com Deus é profundo?
3. O que tem me impedido de buscar mais profundidade em Deus?

ORAÇÃO

Deus amado, obrigada por Tua fidelidade, Teu amor e Tua graça que me alcançam todos os dias. Agradeço-te porque tu abriste os meus olhos para que eu pudesse finalmente descobrir o que é viver abundantemente e desfrutar de liberdade sem igual. Sei bem que ainda tenho muito a aprender e crescer, por isso peço-te: Ajuda-me a caminhar mais perto de ti e a amar-te mais a cada dia! Que a prioridade da minha vida seja te conhecer, amar-te e ter intimidade verdadeira contigo. Amém!

AMANDA VARGAS
Pedagogia UFPR — ONEWAY Reitoria

SEMANA 9

SABER NÃO É SUFICIENTE

Ao longo do nosso tempo de espera e preparo para a volta de Jesus, buscamos saber cada vez mais a Seu respeito e, muitas vezes, achamo-nos cheios de informações.

Contudo, mais que uma noiva que "sabe sobre Jesus", Cristo quer achar em nós uma noiva que crê! Quer achar pessoas que vivem uma realidade em que a fé traz o agir sobrenatural de Deus sobre a Terra e são resposta a uma geração que aguarda pelo Noivo.

ONDE ENCONTRAR NA BÍBLIA?

MARCOS 9:16-24

"Sobre o que discutem?", perguntou Jesus. Um dos homens na multidão respondeu: "Mestre, eu lhe trouxe meu filho, que está possuído por um espírito impuro que não o deixa falar. Sempre que o espírito se apodera dele, joga-o no chão, e ele espuma pela boca, range os dentes e fica rígido. Pedi a seus discípulos que expulsassem o espírito impuro, mas eles não conseguiram". Jesus lhes disse: "Geração incrédula! Até quando estarei com vocês? Até quando terei de suportá-los? Tragam o menino para cá". Então o trouxeram. Quando o espírito impuro viu Jesus, causou uma convulsão intensa no menino e ele caiu no chão, contorcendo-se e espumando pela boca. Jesus perguntou ao pai do menino: "Há quanto tempo isso acontece com ele?". "Desde que ele era pequeno", respondeu o pai. "Muitas vezes o espírito o lança no fogo ou na água e tenta matá-lo. Tenha misericórdia de nós e ajude-nos, se puder." "Se puder?", perguntou Jesus. "Tudo é possível para aquele que crê." No mesmo instante, o pai respondeu: "Eu creio, mas ajude-me a superar minha incredulidade".

FALANDO SOBRE O ASSUNTO

Saber é diferente de crer

Em Marcos 9:16-24, Jesus depara-se com uma criança que passava por sérios problemas. O pai desse menino sabia que Jesus poderia libertá-lo e transformar totalmente a vida de seu filho.

Porém muitas vezes nossa fé não é genuína, fundamentada apenas em uma informação sobre o que ouvimos falar, distante de ser algo que vivemos diariamente com convicção.

Jesus percebeu que o pai do menino o conhecia por Seus milagres, mas esperava algo além disso: que ele não somente soubesse, mas tivesse fé! A fé traz o sobrenatural e a ação de Deus à Terra, transformando circunstâncias, aparentemente impossíveis de serem resolvidas, em um milagre instantâneo (vv.22-23).

Quando percebeu que o que tinha era informação e não fé, o pai imediatamente reconhece sua falta de fé e pede a ajuda de Jesus para superar a incredulidade (v.24).

Isso é um paradoxo! Em um versículo, o pai do menino pede ajuda parecendo ter muita certeza do que acreditava. Mas logo em seguida, quando Jesus o confronta dizendo que para algo acontecer o pai precisava ter fé, é perceptível que esse homem entende que uma informação sobre o que Jesus pode fazer não é o mesmo que crer e andar em fé com Ele.

Andando em fé

No dia a dia é natural que quando questionados, falemos acerca de quem Jesus é e de como o amamos e cremos em Seu poder e amor. Mas quando estamos diante de uma situação em que somos a única resposta para um mundo desesperado por amor, temos agido com fé genuína no Deus que faz? Ou nossas convicções são apenas informações que não se transformam em atitudes?

Percebemos que é impossível ter fé sem praticar obras que "atestem" sobre essa certeza (TIAGO 2:26). Será que temos fé para falar sobre nosso Noivo para quem anda pelo mundo perdido à procura de alguém? Será que temos fé para orar pela cura de algum doente ou agimos como esse pai que sabe o que Jesus pode fazer, mas não tem fé para vivenciar isso?

Certa vez, ouvi alguém falar que Deus não responde a uma necessidade, mas responde a pedidos de fé! Ele quer trazer a justiça dele para o mundo. A noiva que caminha com fé é a resposta que se espera!

QUESTÕES PARA DEBATE

1. Sua fé está baseada em informações ou vive realmente aquilo em que acredita?
2. Quais passos práticos de fé você tem dado ultimamente?
3. O que mais abala sua fé?

ORAÇÃO 🙏

Pai, que minha fé não esteja firmada em experiências de outras pessoas ou no que eu ouço falar, mas sim em uma fé genuína para viver aquilo que o Senhor tem para mim. Concede-me sabedoria para que onde eu estiver, viva como Cristo, caminhando com atitudes práticas de amor, ensinando sobre o Reino de Deus, libertando os cativos e curando os doentes! Que eu não ande segundo o que os meus olhos veem, mas tenha fé e caminhe como o Senhor me chamou para caminhar. Amém!

GUILHERME TREVIZAN
Administração — Jesus na UFPR

ANOTAÇÕES

SEMANA 10

ORAÇÃO

ONDE ENCONTRAR NA BÍBLIA?

1 TESSALONICENSES 5:17
Nunca deixem de orar.

EFÉSIOS 6:18
Orem no Espírito em todos os momentos e ocasiões. Permaneçam atentos e sejam persistentes em suas orações por todo o povo santo.

A oração é um meio de comunicação que Deus estabeleceu para cultivarmos um relacionamento íntimo e contínuo com Ele. Orar é literalmente conversar com Deus e lembre-se: Ele tem diversas formas de responder. Se pararmos para pensar, a oração é algo inacreditável! Como pode o homem comunicar-se com o próprio Deus em qualquer tempo, lugar ou situação, se Ele é o Senhor de todo o Universo e nós somos meros habitantes de um pequeno planeta? Como pode Deus ouvir as orações diárias de bilhões de pessoas?

É muito importante entender que orar deve ser uma coisa contínua. A gente pode orar de manhã, de tarde, de noite, de madrugada, em casa, na faculdade, no trabalho, na rua, no chuveiro, sentado, deitado, de pé. A Bíblia nos fala sobre ter uma atitude de oração, lembrando de Deus constantemente e submetendo tudo a Ele.

FALANDO SOBRE O ASSUNTO

É claro que, por exemplo, a oração do Pai Nosso, ensinada pelo próprio Jesus, é um modelo incrível de oração (MATEUS 6:9-13). Mas a verdade é que, para orar, não existe uma "receita" correta, apesar de podermos, sim, estabelecer alguns bons ingredientes às nossas orações.

👆 Louvor

Louvor é quando reconhecemos o que Deus faz e demonstramos nossa gratidão a Ele (SALMO 150:2).

Adoração

É quando enaltecemos quem Deus é, reconhecendo o Seu caráter perfeito e eterno (SALMO 95:6).

Petição

Diferente do que muitos pensam, Deus se alegra em ouvir as nossas orações. Deus se agrada quando pedimos e se dispõe a responder a cada de nossos pedidos conforme a Sua vontade que é boa, perfeita e agradável. É importante ressaltar que quanto mais oramos, mais o nosso coração fica em sintonia com o coração do Senhor e mais a nossa vontade se alinha com a dele. Isso influencia diretamente no que pedimos a Ele (MATEUS 21:22).

Intercessão

É quando oramos em favor de outra pessoa. Essa é uma forma incrível de demonstrar e oferecer o nosso amor a alguém ou em alguma situação. Quem é nosso maior exemplo de intercessão? Jesus! O Salvador intercede por nós diante do Pai (HEBREUS 7:25; 1 TIMÓTEO 2:1-5).

Confissão

A confissão é o que precede o maravilhoso e inexplicável perdão de Deus. É claro que não podemos cair na velha desculpa de que "errar é humano" e sempre ficar tropeçando nas mesmas coisas, sem buscar mudança. Contudo, o nosso pecado nunca é grave demais para que o Senhor não possa nos perdoar. O que existe, o caminho do pecado ao perdão, é o nosso arrependimento verdadeiro, a confissão e a renúncia (1 JOÃO 1:9; PROVÉRBIOS 28:13).

Derramamento

A nossa oração deve ser o reflexo da nossa alma, coração e mente. Deve ser um momento de liberdade máxima para que nós, sem máscaras, "despejemos" tudo diante de Deus, ultrapassando a aparência e chegando à essência de quem somos (MATEUS 11:28).

Além desses "ingredientes", podemos fazer mais algumas considerações importantes sobre a oração.

1. Talvez em algum momento você pense: "Deus já sabe que eu o amo, Ele já sabe o que eu preciso! Então, qual é o sentido em ficar repetindo tudo sempre?". Estabelecendo relação com uma situação do nosso cotidiano, imagine que uma esposa

sabe que o seu marido a ama e sabe o que ele faz no trabalho. Mas se ele nunca falar ou demonstrar que a ama ou se ele nunca desenvolver um diálogo com sua esposa para contar como foi o seu dia no trabalho, soará meio estranho, não é mesmo? Ou seja, quem ama, gosta de ouvir o que já sabe. Da mesma forma, Deus gosta de ouvir o que está em nosso coração, sejam pedidos, agradecimentos, confissões, frustrações ou qualquer outra coisa.

2. Não podemos transformar a oração em algo rotineiro, vazio, na qual nós ficamos apenas repetindo um monte de palavras bonitas. Às vezes, uma oração em silêncio, mas com o coração totalmente aberto e quebrantado, é muito mais significativa do que tentar expressá-la em palavras (MATEUS 6:7-8).

3. Não fale com Deus como alguém distante, mas chegue diante dele como seu Pai, Aquele para quem você pode contar e confiar tudo, até os segredos mais íntimos e desejos do seu coração, e, assim, encontre nele descanso e respostas!

4. Oração não tem limite de tempo! Como Martinho Lutero disse certa vez: "Tenho tanto o que fazer que não consigo prosseguir sem gastar três horas diárias em oração". Invista tempo desenvolvendo intimidade com o Criador do Universo!

5. Orar é um aprendizado diário, pois, como declara Richard J. Foster em seu livro *Celebração da Disciplina* (Ed. Vida, 2007), "entender que a prática da oração envolve um processo de aprendizagem poupa-nos de descartá-la como falsa ou irreal".

Depois de tudo isso, podemos entender que a oração é uma das principais vias usadas por Deus para nos transformar, como disse o filósofo dinamarquês Soren Kierkegaard: "A função da oração não é influenciar Deus, mas especialmente mudar a natureza daquele que ora". Dedique-se à oração!

QUESTÕES PARA DEBATE

1. O que a oração significa para você?
2. Com que frequência você ora?
3. O que fica entre você e o investimento de tempo em oração?

ORAÇÃO

Pai, eu te louvo, porque sei que diante de ti eu posso me achegar como filho e sentir o Teu amor sem igual. Eu te agradeço, porque sei que me conheces nos mínimos detalhes desde o ventre da minha mãe e eu não preciso esconder absolutamente nada de ti. No secreto dos Teus braços é onde eu encontro o descanso e o refúgio que tanto me faltaram um dia. Que uma das principais prioridades da minha vida seja falar contigo e entender como sou privilegiado por poder abrir minha alma a ti, o Criador do Universo! Em nome de Jesus!

AMANDA VARGAS
Pedagogia UFPR — ONEWAY Reitoria

ANOTAÇÕES

SEMANA 11

VENCENDO A PRÓPRIA MORTE

ONDE ENCONTRAR NA BÍBLIA?

1 CORÍNTIOS 15:14

E, se Cristo não ressuscitou, nossa pregação é inútil, e a fé que vocês têm também é inútil.

1 TESSALONICENSES 4:14

Porque cremos que Jesus morreu e foi ressuscitado, também cremos que Deus trará de volta à vida, com Jesus, todos os que morreram.

O hino *Porque Ele vive* é um dos mais conhecidos da antiga *Harpa Cristã*, mesmo sendo, de certo modo, "recente". Composto na década de 1970 por William J. Gaither e sua esposa Gloria Gaither, esse hino é um dos mais tradicionais na igreja brasileira. Essa canção fala de Deus enviando Seu filho para morrer por nós, e de como a ressurreição de Cristo nos traz a esperança do amanhã que virá.

FALANDO SOBRE O ASSUNTO

O amor ressuscitou

"Porque Ele vive, eu posso crer no amanhã". Esse refrão tem sido entoado nos últimos 40 anos em praticamente todas as igrejas do nosso país. Ele é tão tradicional que as palavras parecem fluir da nossa boca, e muitas vezes cantamos de maneira tão automática que nem refletimos sobre o que estamos declarando.

Como o hino é americano, existem algumas traduções diferentes, entretanto a mensagem da música é a mesma. Na primeira estrofe, somos apresentados ao maravilhoso fato de Deus ter mandado Seu filho Jesus para morrer em nosso lugar.

É muito fácil nos acostumarmos com essa verdade, e esquecermos do quão profundo e maravilhoso esse ato de amor é. Existe um

Deus, que além de ser o Todo-poderoso, o Criador de todo o Universo, é bom e nos ama. Imagine, por um instante, se Deus fosse indiferente em relação a nós...

Agradeça o amor do Senhor ao ter enviado Seu filho para morrer em nosso lugar. Mas como o hino nos lembra, o sepulcro vazio está, pois Ele vive! A morte não pôde conter Jesus. Ele ressuscitou!

A certeza da vida eterna

É também na ressurreição de Cristo, e não somente na morte dele, que se baseia a nossa fé. Muitos já morreram e foram martirizados, seja pelo evangelho ou outras crenças, mas somente Jesus não tem um túmulo a ser visitado. Seu corpo não está enterrado em algum lugar. Ele está vivo à direita do Pai para ser adorado.

Isso é o que nos traz a certeza de que podemos crer no amanhã. Se acordarmos, é para nos relacionarmos com o Deus vivo que continua nos amando e para vivermos em constante adoração. Se morrermos, temos a certeza de que se Cristo venceu a morte, e por isso também venceremos, e ressuscitaremos com Ele para a glória eterna (1 TESSALONICENSES).

Por isso devemos crer na ressurreição de Jesus em todo tempo. Ela nos dá um motivo para viver e para morrer. Ela nos dá a certeza de que há sempre um amanhã. Afinal, como o apóstolo Paulo diz: "E, se Cristo não ressuscitou, nossa pregação é inútil, e a fé que vocês têm também é inútil" (1 CORÍNTIOS 15:14).

QUESTÕES PARA DEBATE

1. Você crê verdadeiramente na vida eterna? O que lhe dá a certeza dela?
2. Como crer que Jesus ressuscitou afeta a sua vida?
3. Sua vida reflete o relacionamento com o Deus vivo?

ORAÇÃO

Jesus, obrigado por ter morrido em meu lugar. Eu te agradeço porque sei que quando enfrentar a morte, o Senhor me trará vitória. Sei que sou falho, mas a vida que vivo é somente para relacionar-me contigo. Amém!

FILIPPE DE CASTRO
Engenharia Química — Jesus na UFPR

ANOTAÇÕES

SEMANA 12

RESGATADOS

Quando eu era bem pequeno, aprendi uma musiquinha muito fácil que até hoje tenho gravada em minha memória: "Três palavrinhas só, eu aprendi de cor, Deus é amor, trá-lá-lá lá-lá-lá-lá".

Apesar de ser uma rima infantil, essa canção está totalmente correta e a verdade expressa nela: Deus é amor, caminha comigo desde então. Entretanto, ao longo da minha vida, conforme fui crescendo, duas perguntas práticas ficaram em minha mente: "Como Deus pode me amar?", e "É possível realmente amar as pessoas?".

Hoje abordaremos essas questões.

ONDE ENCONTRAR NA BÍBLIA?

JEREMIAS 31:3
Há muito tempo, o SENHOR disse a Israel: 'Eu amei você com amor eterno, com amor leal a atraí para mim'.

1 JOÃO 4:10-11
É nisto que consiste o amor: não em que tenhamos amado a Deus, mas em que ele nos amou e enviou seu Filho como sacrifício para o perdão de nossos pecados. Amados, visto que Deus tanto nos amou, certamente devemos amar uns aos outros.

FALANDO SOBRE O ASSUNTO

Jesus Cristo é o Verbo da criação. Através do Verbo, Deus criou todas as coisas e criou-nos em amor, para desfrutarmos de um relacionamento de amor e intimidade com Ele.

Todavia, todos nós pecamos terrivelmente contra o Senhor e nos tornamos merecedores de Sua ira. Mas Deus nos amou de tal maneira que enviou Seu Filho para morrer por nós, e o fez gratuitamente. Assim, ainda que não mereçamos, ganhamos uma nova vida. O Verbo fez uma nova criação.

Contudo, muitas vezes ao longo da caminhada, esquecemo-nos de que a salvação é Graça de Deus, e achamos que temos algum mérito nisso, o que resulta em diversos problemas.

Roubando a glória de Deus

Primeiro, estamos "roubando" a glória de Jesus, a salvação vem dele, e Ele não divide a glória dele com ninguém (ISAÍAS 42:8).

Segundo, isso aumenta o nosso orgulho e faz com que olhemos para as pessoas com um senso de superioridade e até de indignação. Quando isso acontece, olhamos para os perdidos como se fossem indignos do amor que "nós conquistamos com o nosso esforço".

E quando não fazemos isso, caímos na armadilha de olhar para o perdido com pena, o que é muito diferente de amor. Nosso sentimento em relação ao perdido deve ser igual à maneira como Deus se sente a nosso respeito (1 JOÃO 4:10-11). E como Ele nos olha? O que sente por nós? Como Ele olha para o perdido?

Ele nos ama com amor eterno e nos atrai com Sua bondade (JEREMIAS 31:3). Jesus não veio a esta Terra por pena de nós, mas sim por amor.

Criando divisões

O livro de Jonas retrata a história de um homem extremamente nacionalista, que quando é chamado por Deus para levar o evangelho a um país rival, revolta-se.

Muitas vezes fazemos isso. Criamos uma divisão quase nacionalista entre os "crentes" e os demais, e nos isolamos. Temos nossa própria linguagem, nossa cultura, nossos símbolos. Sabemos que é nosso dever levar Jesus às pessoas, mas não queremos verdadeiramente que isso ocorra, pois o de fora é diferente, ele não se encaixa no nosso "mundo", e isso nos tira da zona de conforto.

Achamos que ter Jesus é falar "glória", "amém" e "aleluia"; mostrar para as pessoas que lemos a Bíblia e tentamos ser moralmente corretos. Na verdade, ter Jesus é ser amado extraordinariamente por Ele, é ser transformado por esse amor e repassar esse amor àqueles que estão à nossa volta.

Portanto, a única maneira de realmente amarmos o próximo é entendendo o quanto fomos e somos amados pelo Senhor. Ele nos amou primeiro quando ainda éramos pecadores, e como fruto desse amor, entregou gratuitamente a Sua vida por nós.

Quando entendemos e vivemos isso, não nos baseamos em "nosso mérito", nem olhamos para as pessoas com ar superior ou com pena, mas submergimos no oceano do amor de Deus.

Assim o Verbo que nos ama, permitiu-nos cumprir o verbo amar.

QUESTÕES PARA DEBATE

1. Você se sente amado por Deus? Explique!
2. Você realmente deseja a salvação das pessoas ao seu redor? O que tem feito a respeito disso?
3. Você olha para as pessoas com superioridade ou pena? O que tem contribuído para isso?

ORAÇÃO

Pai, nós te exaltamos. Grande é o Teu nome. Obrigado pelo Teu amor. Pedimos que o nosso coração esteja sempre atento a ti. Capacita-nos para repassar o Teu amor ao próximo, pois esse sim é o verdadeiro amor.

FILIPPE DE CASTRO
Engenharia Química — Jesus na UFPR

ANOTAÇÕES

SEMANA 13

O VERBO QUE TRANSFORMA

ONDE ENCONTRAR NA BÍBLIA?

JOÃO 1:1-5 (ACF)

No princípio era o Verbo, e o Verbo estava com Deus, e o Verbo era Deus. Ele estava no princípio com Deus. Todas as coisas foram feitas por ele, e sem ele nada do que foi feito se fez. Nele estava a vida, e a vida era a luz dos homens. E a luz resplandece nas trevas, e as trevas não a compreenderam.

GÊNESIS 1:1-3

No princípio, Deus criou os céus e a terra. A terra era sem forma e vazia, a escuridão cobria as águas profundas, e o Espírito de Deus se movia sobre a superfície das águas. Então Deus disse: "Haja luz", e houve luz.

Na língua Portuguesa, o verbo é a classe de palavras usadas para indicar uma ação ou a existência de algo. Quando João atribui a Jesus o caráter de Verbo, ele revela Cristo como Aquele por meio de quem Deus age e traz as coisas à existência. No princípio, todo o Universo foi criado por Seu intermédio, e hoje o Cristo vivo continua a criar tudo novo em nós e em nossa universidade.

FALANDO SOBRE O ASSUNTO

O evangelho de João inicia sua narrativa a respeito de Jesus com uma afirmação sobre a Sua pessoa: "No princípio era o Verbo". Por meio de Cristo, aquele que é o Verbo, todas as coisas vieram a existir.

O Verbo de Deus

Em Gênesis 1:1-3, Deus, através de Cristo, trouxe luz sobre as trevas que estavam sobre a face do abismo. Do mesmo modo, nossa vida se encontrava disforme, vazia e jazia na escuridão, até que Cristo resplandeceu Sua maravilhosa luz em nosso coração. "A luz brilha na escuridão, e a escuridão nunca conseguiu apagá-la" (JOÃO 1:5).

Esse mesmo poder criador age no homem hoje para o tornar nova criação. E por que Cristo, em Seu poder e por Sua cruz, criaria alguém novo a partir de nós? Porque todos pecamos.

Falhamos em nossas ações e em nossos pensamentos (ROMANOS 3:23). E como nós, com esse pecado, poderíamos nos relacionarmos com o Deus Santo? Mais que isso: se a consequência do pecado é a morte, como estando mortos poderíamos nos relacionarmos com o Deus vivo?

O amor de Deus demonstrado no Verbo

"Mas Deus é tão rico em misericórdia e nos amou tanto que, embora estivéssemos mortos por causa de nossos pecados, ele nos deu vida juntamente com Cristo. É pela graça que vocês são salvos!" (EFÉSIOS 2:4-5). Ele nos deu Seu próprio filho, por amor a nós, quando ainda estávamos mortos. Então, Aquele que trouxe todas as coisas à existência e que é o Autor da vida, morreu. Cristo sofreu em uma cruz e pagou o preço pelos nossos pecados.

O Senhor nos convida a lembrar de como estávamos sem Cristo: "Não esqueçam que vocês, gentios, eram chamados de 'incircuncidados' pelos judeus que se orgulhavam da circuncisão, embora ela fosse apenas um ritual exterior e humano. Naquele tempo, vocês viviam afastados de Cristo. Não tinham os privilégios do povo de Israel e não conheciam as promessas da aliança. Viviam no mundo sem Deus e sem esperança" (EFÉSIOS 2:11-12). Precisamos nos lembrar de que não tínhamos esperança, paz, e que estávamos distantes do Senhor e com medo. Logo, essa lembrança é para que possamos celebrar como nunca o dia em que Cristo se ofereceu como o sacrifício perfeito por nós e bradou: "Está consumado" (JOÃO 19:30).

Depois de convidar os irmãos a se lembrarem onde estavam sem Cristo, Paulo aponta para a obra redentora e transformadora do Senhor em nós, dizendo: "Agora, porém, estão em Cristo Jesus. Antigamente, estavam distantes de Deus, mas agora foram trazidos para perto dele por meio do sangue de Cristo" (EFÉSIOS 2:13). Jesus não apenas nos salva da morte, mas também nos dá vida abundante; não só nos salva do medo e da desesperança, mas nos faz assentar em regiões celestiais com Ele (EFÉSIOS 2:7).

Uma nova identidade

Há uma nova esperança, uma nova identidade para aqueles que passam pela ação criadora do Verbo de Deus. Identidade de filhos amados, que podem com liberdade chamar a Deus de "paizinho, *Aba* pai" (ROMANOS 8:15). Que podem descansar no Seu cuidado e amor, em um relacionamento de intimidade profunda conquistada pelo sacrifício de Jesus.

Uma nova identidade por sermos amigos de Jesus, que o servem preparando o caminho para Sua volta e têm grande alegria em ouvir Sua voz. Que estão disponíveis a ouvi-lo e regozijar em Suas doces palavras (JOÃO 3:29).

E por fim, Cristo chama-nos à identidade de soldados que não se distraem com as coisas finitas desse mundo, mas que se envolvem nas batalhas do e pelo Senhor. Ele nos chama para envolvermo-nos com a eternidade e cooperarmos com as Suas obras (2 TIMÓTEO 2:3).

Sendo assim, lembremo-nos sempre que sem Cristo nossa vida não tem cor. E recebamos Sua salvação com um coração quebrantado e grato, celebrando a Sua cruz. Lembremo-nos que Ele é o "Haja luz", o Verbo que, com Seu poder criativo e transformador, cria tudo novo em nós. Sejamos corajosos, pois nele somos filhos, amigos e soldados.

QUESTÕES PARA DEBATE

1. O que Deus precisou ou precisa recriar em sua vida?
2. Ao encontra-se com Cristo, o que Ele trouxe à existência a sua vida?
3. Como a consciência de ser filho, amigo e soldado de Cristo tem influenciado suas ações?

ORAÇÃO

Senhor Jesus, nós te agradecemos. Nós te louvamos, Jesus, pela Tua obra redentora na cruz, pelo Teu amor que nos alcançou quando ainda estávamos mortos e distantes de Deus. Queremos celebrar o Teu sacrifício todos os dias. Dá-nos um coração grato e quebrantado. Alcança com Teu amor, Jesus, os universitários, aqueles que ainda estão sem esperança. Nós te pedimos, Jesus, vem com Teu poder criativo sobre as universidades, sobre as pessoas que nelas assistem e faz novas todas as coisas. Dá-nos coragem para proclamar a Tua Salvação sabendo que temos o privilégio de ser Teus filhos amados, Teus amigos e soldados em prol do Teu Reino eterno.

REBECA GANDARA
Medicina — Jesus na UFPR

SEMANA 14

O QUE É SER CRISTÃO?

O que significa ser a noiva de Cristo? O que isso representa na prática? A noiva de Cristo é uma comunidade de pessoas que creem nele e o seguem verdadeiramente. Esta semana falaremos sobre o que é pertencer à Fé Cristã. O que o Cristianismo representa e o que queremos dizer quando nos intitulamos cristãos.

FALANDO SOBRE O ASSUNTO

Quem é a noiva de Cristo? A resposta vem rápido para nós: a Igreja! Nós somos a noiva de Cristo e como tal, devemos seguir os mandamentos e deveres que hoje chamamos de Cristianismo.

Mas o que significa seguir o Cristianismo?

Muitas vezes, nos dias de hoje, a resposta à pergunta parece ser incerta ou até mesmo tema de discussão. Para alguns, ser cristão é defender os valores tradicionais, ir a uma igreja e falar com um certo linguajar que você não sabe direito o que significa, mas soa bonito. No entanto, pela definição bíblica, ser cristão é algo muito diferente.

Na prática, precisamos entender que há dois aspectos envolvidos nessa questão. Há o aspecto individual, do ponto de vista do relacionamento pessoal com Deus; e outro coletivo, que envolve o relacionamento com outros, pertencer a mesma fé e praticar determinadas ações.

ONDE ENCONTRAR NA BÍBLIA?

TIAGO 1:27

A religião pura e verdadeira aos olhos de Deus, o Pai, é esta: cuidar dos órfãos e das viúvas em suas dificuldades e não se deixar corromper pelo mundo.

APOCALIPSE 19:7-9

"Alegremo-nos, exultemos e a ele demos glória, pois chegou a hora do casamento do Cordeiro, e sua noiva já se preparou. Ela recebeu um vestido do linho mais fino, puro e branco". Porque o linho fino representa os atos justos do povo santo. E o anjo me disse: "Escreva isto: Felizes os que são convidados para o banquete de casamento do Cordeiro". E acrescentou: "Essas são as palavras verdadeiras de Deus".

O cristão individual

Individualmente, o Cristianismo é mais sobre ser do que fazer. Afinal, a palavra Cristianismo não está na Bíblia. Os discípulos foram chamados de cristãos pela primeira vez em Antioquia, mas não como pertencentes a uma religião ou a pessoas que seguem um conjunto de regras. Eles foram chamados assim porque simplesmente eram homens que agiam como Cristo, seguiam o Seu exemplo: o que Ele havia feito e sido enquanto esteve na Terra.

Portanto, ser cristão no aspecto pessoal é ser imitador de Cristo, visto que a própria palavra significa "pequeno Cristo".

Como, então, imitar Cristo? Se você perguntar para as pessoas "quem é Jesus?", a resposta mais comum será "o Filho de Deus". Esse é o caminho, tentar viver o mesmo relacionamento com Deus que Cristo tinha e, a partir disso, parecer-se mais com Ele. Isso será abordado de maneira mais profunda a seguir.

O cristão coletivo

No aspecto coletivo, ser cristão continua sendo imitar a Jesus. Afinal, a segunda resposta mais comum à pergunta "Quem é Jesus" é: "Aquele que morreu por mim e por você".

Cristo entregou a vida dele por amor às pessoas, e nós somos chamados a fazer o mesmo. Professar a fé em Cristo é amar o próximo e entregar-se por ele. Isso é o que deve ditar toda prática na vida da Igreja.

Nos dias de hoje, ser alguém religioso costuma parecer ruim. Porém, no sentido bíblico, como visto em Tiago 1:27, a religião pura e verdadeira é cuidar daqueles que não conseguem por si mesmos. Ou seja, amar o próximo e abster-se da corrupção deste mundo.

Frequentemente focamos em hierarquias, estruturas e dogmas, mas esquecemos de amar. Não é que essas coisas não sejam essenciais, mas o amor ao outro deve estar presente em tudo isso.

Então, resumindo, devemos imitar Jesus em nossa devoção pessoal e no amar ao próximo. Isso lhe soa familiar? É assim que o próprio Jesus resume toda a Lei:

"Mestre, qual é o mandamento mais importante da lei de Moisés?". Jesus respondeu: "Ame o Senhor, seu Deus, de todo o seu coração, de toda a sua alma e de toda a sua mente". Este é o primeiro e o maior mandamento. O segundo é igualmente importante: "Ame o seu próximo como a si mesmo". Toda a lei e todas as exigências dos profetas se baseiam nesses dois mandamentos. —MATEUS 22:36-40

QUESTÕES PARA DEBATE

1. O que representa ser cristão?
2. Temos imitado a Cristo? De que maneira?
3. Temos amado o próximo? Justifique.

ORAÇÃO

Jesus, ensina-me a ser como és. Obrigado, porque, graças ao Senhor que me amou primeiro, eu posso amar. Sei que não sou perfeito, mas também sei que por meio de quem sou, pessoas podem ser impactadas pela Tua Palavra e presença em mim. Que eu seja um verdadeiro cristão.

FILIPPE DE CASTRO
Engenharia Química — Jesus na UFPR

ANOTAÇÕES

SEMANA 15

O QUE CRISTO ESPERA EM SUA VOLTA?

ONDE ENCONTRAR NA BÍBLIA?

ATOS 1:9-11

Depois de ter dito isso, foi elevado numa nuvem, e os discípulos não conseguiram mais vê-lo. Continuaram a olhar atentamente para o céu, até que dois homens vestidos de branco apareceram de repente no meio deles e disseram: "Homens da Galileia, por que estão aí parados, olhando para o céu? Esse Jesus, que foi elevado do meio de vocês ao céu, voltará do mesmo modo como o viram subir!".

APOCALIPSE 19:7-8

"Alegremo-nos, exultemos e a ele demos glória, pois chegou a hora do casamento do Cordeiro, e sua noiva já se preparou. Ela recebeu um vestido do linho mais fino, puro e branco". Porque o linho fino representa os atos justos do povo santo.

Somos herdeiros destas preciosas promessas de Deus: vida eterna, comunhão íntima com Cristo, esperança e liberdade. E a garantia do cumprimento de cada uma delas em nossa vida é que aquele que as prometeu vive! E porque Ele vive, a promessa do Seu retorno também é certa e verdadeira.

FALANDO SOBRE O ASSUNTO

Jesus ressuscitou ao terceiro dia de Sua morte e algum tempo depois foi elevado aos Céus. Os anjos reafirmaram algo que Cristo já havia dito aos Seus discípulos: Ele voltará do mesmo modo como foi visto subir (ATOS 1:9-11). Uma das figuras que a Bíblia utiliza para abordar a volta de Cristo é: o Noivo, Jesus, vem ao encontro de sua Noiva, a Igreja. Mas enquanto o esperamos, Cristo deseja preparar para si uma Noiva desperta, santa e apaixonada.

Jesus voltará para uma Noiva desperta

Ao final da parábola das dez virgens, em Mateus 25:13, Cristo adverte que vigiemos, pois não sabemos o dia nem a hora de Seu retorno. O que sabemos é que o dia se aproxima.

Eis uma comparação para deixar mais concreto: na faculdade, é comum estarmos mais distraídos quanto aos estudos quando as provas estão longe de acontecer. Permitimo-nos gastar mais tempo em outras coisas, em outras distrações.

Porém às vésperas de provas, eliminamos as distrações, dormimos menos, buscamos estudar com mais afinco e preparar-nos bem.

A analogia anterior foi colocada para que pensemos que é pelo fato da volta de Cristo estar se aproximando que o Senhor nos chama a despertarmos do sono: "A noite está quase acabando, e logo vem o dia" (ROMANOS 13:12). E estar desperto é remir o tempo, não se distrair com as coisas desta vida. É compreender a vontade do Senhor e ser cheio do Seu Espírito (EFÉSIOS 5:14-18). Talvez hoje você esteja distraído, talvez esteja adiando se entregar completamente a Cristo, embriagando-se com esta Terra, mas Cristo vem, e isso nos revela a urgência de viver para Ele, de ser um povo acordado.

Jesus voltará para uma Noiva santa

O apóstolo Pedro afirma que Cristo não está demorando para voltar; antes, é por Sua graça e misericórdia que nos dá a oportunidade de arrependimento antes de Seu retorno (2 PEDRO 3:9-12). A Noiva que Cristo virá buscar é lindamente adornada. Pelo sacrifício de Jesus foi-lhe dado um vestido de linho fino, puro e brilhante (APOCALIPSE 19:7-9). Puro, pois o sangue de Jesus nos purifica de todo o pecado. Brilhante, pois Ele resplandece Sua luz através de nossa vida. É tempo de viver de forma santa e piedosa. É tempo de viver a Sua volta e apressar o Seu retorno pregando o evangelho do Reino (MATEUS 24:14).

Jesus voltará para uma Noiva apaixonada

Lucas 7:36-49, traz o relato de uma mulher que, enquanto Jesus jantava na casa de um fariseu, lançou-se aos Seus pés regando-os com as suas lágrimas e enxugando-os com os seus próprios cabelos. O fariseu que convidou Jesus para jantar ficou incomodado com aquilo, e Jesus, para confrontá-lo, contou-lhe a parábola sobre dois devedores, um que devia pouco e outro que devia uma grande quantia. Como não tinham como pagar, o credor perdoou a dívida dos dois, então Jesus perguntou: "Qual deles [amou mais o credor] depois disso?" (v.42). O anfitrião respondeu: "Suponho que aquele de quem ele perdoou a dívida maior" (v.43).

É fato que todos nós tínhamos uma dívida impagável com Deus, mas Cristo a quitou na cruz. Nenhum de nós devia uma pequena quantia, mas somente aqueles que reconhecem o tamanho do perdão de Cristo são capazes de o amar mais. Cristo quer para si uma Noiva apaixonada, que reconhece a grandeza do Seu perdão, que rega Seus pés com lágrimas de quebrantamento, amor e gratidão, que jejua por saudade à espera de seu Noivo (MATEUS 9:14-15) e que, juntamente ao Espírito Santo, clama: "Vem! [...] Amém! Vem, Senhor Jesus!" (APOCALIPSE 22:17-20).

QUESTÕES PARA DEBATE

1. Há coisas em nossa vida que têm nos distraído e impedido de vivermos com urgência, de ansiar pela volta de Cristo?
2. Já parou para refletir sobre o tamanho da nossa dívida e da grandeza do perdão que Cristo nos concedeu?
3. Temos vivido com saudade do Noivo? Como isso se expressa em sua vida?

ORAÇÃO

Senhor Jesus, tu estás vivo, e porque o Senhor vive, estamos certos de que voltarás. Não permitas que negligenciemos essa verdade. Não permitas que vivamos para nós mesmos ou venhamos a nos distrair a ponto de esquecermos que o Senhor logo virá. Faz de nós, Jesus, uma Noiva desperta, que espera a Tua vinda, que espalha o Teu evangelho e que tem um coração apaixonado por ti. Perdoa nossos pecados, Jesus, e dá-nos um coração puro, santo e cheio de saudade de ti, o nosso Noivo.

REBECA GANDARA
Medicina — Jesus na UFPR

ANOTAÇÕES

SEMANA 16

FASCINADOS POR SUA SANTIDADE

Quando algo, de fato, nos fascina, facilmente abrimos mão das outras coisas ao redor que detinham a nossa atenção; simplesmente focamos nesse alvo de fascínio, e é esse o significado da palavra "foco".

Aliás, o foco não é apenas concentrar-se em algo, mas se desconcentrar de todo o restante e pensar somente no alvo. Nosso alvo é Jesus. Ele é fascinante de diversas e infinitas formas. Uma das características de Jesus que mais nos deixam admirados é a Sua santidade, que se iguala à do Pai, que é Seu atributo mais evidente.

ONDE ENCONTRAR NA BÍBLIA?

JOÃO 8:46

Qual de vocês pode me acusar de algum pecado? Se estou falando a verdade, porque vocês não creem em mim?

1 PEDRO 1:15-16

Agora, porém, sejam santos em tudo que fizerem, como é santo aquele que os chamou. Pois as Escrituras dizem: "Sejam santos, porque eu sou santo".

FALANDO SOBRE O ASSUNTO

Ser santo significa ser separado da corrupção moral e do pecado. Também pode significar simplesmente ser separado, único.

O Deus triplamente santo

Vemos na impressionante revelação dada ao profeta Isaías, encontrada em Isaías 6:1-3, que Deus é triplamente santo (a essa verdade damos o nome de *trihagion*). Na cultura hebraica a repetição significa aumento de intensidade, nesse sentido ser santo significa ser alguém santíssimo. Quando os Serafins se referem à santidade do Senhor, eles dizem Santo três vezes. Santidade é a natureza predominante de Deus. Ele é absurdamente santo, puro, separado da Sua criação.

Serafim significa radiante, incendiado, e mesmo assim eles se escondem diante da santidade do Pai. Nem mesmo eles ousam olhar para o Santo. O trihagion também declara, secundariamente, que Deus é três pessoas. Jesus, o Filho de Deus, possui os mesmos atributos de Seu Pai. Numa curiosa passagem do evangelho de João, em que os judeus o acusavam de estar endemoninhado (JOÃO 8:46), Jesus está convicto de Sua mais absoluta pureza e santidade. Nenhum outro homem em toda história ousou fazer uma declaração igual a essa, uma declaração de perfeição.

Imitadores da santidade

Nós somos seguidores de Jesus, portanto temos que ser Seus imitadores. Somos chamados à santidade (COLOSSENSES 3:12)! De fato, a Bíblia refere-se aos discípulos de Cristo como "santos" (e não como "pecadores salvos"). Se você tem o Espírito de Cristo, você é santo.

Não temos como nos relacionar com Deus se não mudarmos nosso relacionamento com o pecado (1 PEDRO 1:15-16). A santidade é um privilégio que nos concede privilégios (HEBREUS 12:14). Quanto mais santos, mais próximos de Deus estamos; e, quanto mais próximos de Deus, mais dele nós veremos.

A santidade é impossível sem o Espírito Santo. A única forma de sermos santos como Jesus, é andando no Espírito (GÁLATAS 5:16). Andamos nele quando Ele guia o nosso viver, lemos a Palavra de Deus e perseveramos em oração.

Percebemos a fascinação que o apóstolo Paulo tinha pela santidade e perfeição de Deus nesta afirmação: "Irmãos, não penso que eu mesmo já o tenha alcançado, mas uma coisa faço: esquecendo-me das coisas que ficaram para trás e avançando para as que estão adiante, prossigo para o alvo, a fim de ganhar o prêmio do chamado celestial de Deus em Cristo Jesus" (FILIPENSES 3:13-14 NVI).

Seu fascínio era tal que o levou a prosseguir com todas as forças para o alvo, a mais absoluta perfeição e santidade, a soberana vocação de Deus em Cristo Jesus.

É interessante observar que nunca atingiremos esse alvo nesta vida. A perfeição aqui é impossível. Porém, Jesus nos ama desse jeito imperfeito, e veio a nós mesmo assim. Ele provou o amor dele amando o imperfeito, pecador, que não tem nada a oferecer a Ele (ROMANOS 5:8), exceto a vida.

QUESTÕES PARA DEBATE

1. A santidade de Jesus o fascina? Por quê?
2. Como deixar de ser fascinado pelo que o mundo oferece?
3. De que maneira podemos focar no alvo da santidade?

ORAÇÃO

Querido Jesus, obrigado pela riqueza e grandeza de Tuas revelações. Obrigado por Tua glória e santidade. Pedimos ao Senhor, ajuda-nos em nossas imperfeições, forja-nos à Tua semelhança, faz-nos santos como tu és santo. Toca nossa mente e nossos olhos para que nada capte a nossa atenção mais do que o Senhor. Traz Tua salvação neste tempo. Nós te amamos e oramos em Teu nome, amém!

DANIEL CUNHA
Física (Bacharelado) — Jesus na UFPR

ANOTAÇÕES

SEMANA 17

O VERBO ENVIAR

ONDE ENCONTRAR NA BÍBLIA?

MARCOS 16:14-15 (ARA)

Finalmente, apareceu Jesus aos onze, quando estavam à mesa, e censurou-lhes a incredulidade e dureza de coração, porque não deram crédito aos que o tinham visto já ressuscitado. E disse-lhes: Ide por todo o mundo e pregai o evangelho a toda criatura.

ATOS 1:8 (ARA)

...mas recebereis poder, ao descer sobre vós o Espírito Santo, e sereis minhas testemunhas tanto em Jerusalém como em toda a Judeia e Samaria e até aos confins da terra.

Jesus Cristo é o Verbo de Deus. Ele é a poderosa Palavra por meio da qual tudo foi e continua sendo chamado à existência. Ele é a Palavra que sustenta todas as coisas (HEBREUS 1:3), e nele vivemos, movemo-nos e existimos (ATOS 17:28). Sim, nele nos movemos! E por Sua Palavra, o Verbo declara: IDE!

FALANDO SOBRE O ASSUNTO

Todas as coisas foram feitas por intermédio de Cristo e, sem Ele, nada do que foi feito se fez. Através do Verbo, Deus criou o mundo, separou terra e mar, fez nascer flores e árvores frutíferas, colocou nos céus as estrelas e fez surgir as estações. Também criou os animais de toda sorte de espécies.

No sexto dia, disse Deus: "Façamos o ser humano à nossa imagem; ele será semelhante a nós. Dominará sobre os peixes do mar, sobre as aves do céu, sobre os animais domésticos, sobre todos os animais selvagens da terra e sobre os animais que rastejam pelo chão" (GÊNESIS 1:26). Por isso, o salmista declara que Ele nos fez e dele somos (SALMO 100:3). Fomos feitos Seu povo, Seu rebanho. Mas o que Cristo afirma acerca da multidão que está à sua volta é que são "como ovelhas sem pastor" (MATEUS 9:36), aflitas e desamparadas. E por quê?

Algo aconteceu entre a criação e a vinda de Cristo, que nos tirou da condição de rebanho pertencente ao Senhor. O pecado entrou no mundo por meio da desobediência de Adão e Eva, e desde então, todos pecamos.

Além disso, o pecado nos afastou da maravilhosa glória de Deus. Sobre isso, Isaías 53:6 explicita: "Todos nós nos desviamos como ovelhas; deixamos os caminhos de Deus para seguir os nossos caminhos. E, no entanto, o SENHOR fez cair sobre ele os pecados de todos nós". Ao nos voltarmos para nossos próprios caminhos, desejos e vontades, ficamos como ovelhas sem pastor.

Cristo, o Bom Pastor

Contudo, para nossa esperança, Cristo é o Bom Pastor que dá a vida pelas Suas ovelhas. Sobre Ele recaíram todas as nossas iniquidades e pelas Suas pisaduras fomos sarados. Pela fé em Seu sacrifício não somos mais ovelhas aflitas e desamparadas. Fomos reconciliados ao cuidado do Bom Pastor.

É interessante que Cristo, ao olhar para aquelas pessoas disse que elas eram como ovelhas perdidas, e aos Seus discípulos declarou que a seara era grande e que Ele precisava de mais trabalhadores.

Cristo está chamando os discípulos a se responsabilizar pelas Suas ovelhas. Isso fica nítido quando diz a Pedro: "'Simão, filho de João, você me ama mais do que estes?'. 'Sim, Senhor', respondeu Pedro. 'O Senhor sabe que eu o amo'. 'Então alimente meus cordeiros', disse Jesus" (JOÃO 21:15). E, antes de ascender aos Céus, comissiona Seus discípulos: IDE!

O mesmo Verbo por intermédio de quem fomos criados para ser Seu rebanho é o que declara: IDE! Preguem o Evangelho de arrependimento e reconciliem as ovelhas perdidas ao seu Bom Pastor! (MARCOS 16:15)

Porém, em cada um dos evangelhos, antes da Grande Comissão, Cristo ressalta o que os Seus discípulos precisavam saber ou possuir para cumprir a missão que lhes seria confiada.

O que saber antes de ir?

Em Mateus, antes do IDE, Ele afirma: "Toda a autoridade no céu e na terra me foi dada" (MATEUS 28:18). Cristo tem toda a autoridade para salvar. Nada pode detê-lo. Ele venceu o pecado e todo o domínio das trevas. O Senhor Deus reina! E como são belos os pés daqueles que proclamam a Sua autoridade e reinado (ISAÍAS 52:7).

Jonas, não queria pregar na cidade de Nínive justamente porque sabia que o Senhor era poderoso para salvar até mesmo a cidade mais temível da época (JONAS 2).

Em Marcos 16:14-15, antes do IDE, Jesus repreende os discípulos pela falta de fé na Sua ressurreição. Para que pregassem era preciso que cressem em Sua ressurreição

Paulo afirma que, por possuir espírito de fé e crer na ressurreição de Cristo, proclamava o evangelho (2 CORÍNTIOS 4:13). Amados, pode ser que creiamos na ressurreição de Cristo, mas quantas vezes deixamos de pregar ou pregamos sem ousadia, agindo como se Cristo não estivesse vivo entre nós?

No evangelho de Lucas, antes de enviá-los, Jesus lhes concede entendimento acerca das Escrituras. Compreensão da mensagem do evangelho de que o Filho de Deus, o Messias revelado desde Moisés até os profetas, deveria morrer para o perdão de nossos pecados.

Por fim, em Atos 1, Cristo os instrui a esperar pelo poder do Espírito, que viria sobre eles, a fim de que pudessem ser testemunhas dele em toda a Terra. Assim, o cumprir do IDE não consistiria em linguagem persuasiva, mas em demonstração do Espírito e de poder (1 CORÍNTIOS 2:1).

Desse modo, contemplamos Cristo Jesus: o Verbo da criação. Afinal, fomos criados para ser Seu rebanho e ser impactados por Seu amor eterno. Jesus é o Bom Pastor que deu a vida por Suas ovelhas. E somos chamados a agir sobre a Palavra, e responder ao Verbo que a nós ordena: IDE!

QUESTÕES PARA DEBATE

1. Você já reconheceu Cristo como seu Bom Pastor?
2. Há algo que o impede de cumprir o IDE?
3. Você tem buscado se capacitar no Reino para poder cumprir o IDE?

ORAÇÃO

Senhor Jesus, tu és o nosso Bom Pastor e te somos gratos por isso. Agradecemos-te por teres olhado para nós, quando aflitos e desamparados, e deste Tua vida, morrendo por nossas iniquidades. Como Pedro, Senhor, queremos nos responsabilizar pelas ovelhas que ainda não foram resgatadas para o Teu rebanho. Enche-nos de ousadia, por causa da Tua autoridade. Dá-nos Senhor, espírito de fé, crendo no poder da Tua ressurreição que realiza a salvação hoje. Concede-nos uma compreensão profunda da Tua cruz, Jesus. E enche-nos do Teu Espírito Santo, pois queremos pregar o evangelho com poder.

REBECA GANDARA
Medicina — Jesus na UFPR

ANOTAÇÕES

SEMANA 18

CULTIVANDO A ESPERANÇA

ONDE ENCONTRAR NA BÍBLIA?

ATOS 2:24
Mas Deus o ressuscitou, libertando-o dos horrores da morte, pois ela não pôde mantê-lo sob seu domínio.

1 TIMÓTEO 1:1
Eu, Paulo, apóstolo de Cristo Jesus, por ordem de Deus, nosso Salvador, e de Cristo Jesus, nossa esperança.

Quantas vezes pensamos no fim das coisas, seja do semestre, da faculdade, ou até mesmo, no dia em que partiremos deste mundo. Isso muitas vezes nos deixa reflexivos e nos faz pensar a respeito da brevidade da vida.

Jesus venceu o maior e inevitável destino dos homens que é a morte, trazendo-nos a esperança de poder viver e andar com Ele todos os dias de nossa vida. Além disso, Ele nos apresenta um Reino eterno onde o conheceremos face a face.

FALANDO SOBRE O ASSUNTO

Esperança em meio ao fim das coisas

No relato de Lucas 24, Jesus aparece para dois discípulos e começa a caminhar com eles. Ambos estavam muito entristecidos, porque Seu mestre havia morrido. Naquele momento em que estavam contando ao Senhor o que havia acontecido, não o reconheceram. Jesus os lembra de tudo o que os profetas anunciaram a respeito dele, falando sobre o plano de salvação (Ele deveria sofrer morrendo na cruz para que tivéssemos a salvação) e a ressuscitação ao terceiro dia. Aqueles discípulos, mesmo já tendo ouvido o testemunho das mulheres que foram ao túmulo de Cristo e o encontraram vazio, focaram no fim das coisas ao invés de acreditar que Jesus estava vivo, de acordo com o que as Escrituras afirmavam.

Da mesma forma, os discípulos estavam com as portas da casa trancadas com medo dos judeus. Eles estavam muito aflitos acreditando que Seu mestre estava morto. Isso durou até que Jesus apareceu no meio deles e mudou todo aquele cenário de desesperança (JOÃO 20:19-20).

No entanto, Tomé insistia em acreditar que não era possível que Jesus estivesse vivo e que só creria se o visse e pudesse tocar as suas chagas. Quando esse momento chega, Jesus diz algo que nos traz esperança, afirmando: "Felizes são aqueles que creem sem ver" (JOÃO 20:29). A Palavra de Deus fala a respeito da Esperança que nem a morte foi capaz de segurar: Jesus Cristo! (ATOS 2:24).

Esperança em meio às dificuldades

Jeremias 17:7-8 diz que aqueles que confiam no Senhor poderão passar por dificuldades, mas ainda assim permanecerão firmes, e serão como uma árvore que mesmo em meio a seca continuará dando frutos.

Um exemplo disso é a vida de Paulo (1 TIMÓTEO 1:1), pois tinha Jesus como sua esperança. Ele passou por dificuldades tremendas, foi preso, passou fome e por tantas outras coisas, mas, ainda assim, em cada um desses momentos experimentou o cuidado e a direção de Deus por meio do Espírito Santo. E, por conta dessa presença, ele tinha alegria em dizer que o viver dele era Cristo, e que o morrer era lucro. Paulo tinha plena consciência de que Jesus seria glorificado tanto pela vida quanto pela morte dele (FILIPENSES 1:20-21).

Esperança na eternidade

A Bíblia afirma em 1 Coríntios 13:12-13, que conhecemos o Senhor apenas em parte e o vemos obscuramente como que por um espelho. Essa passagem é muito mais profunda do que aparenta, visto que os espelhos da época de Jesus eram feitos de bronze polido, assim a imagem nele refletida ficava distorcida, não era bem definida. Por isso, a Palavra de Deus diz que não o vemos como Ele realmente é, mas que chegará o dia em que o veremos face a face e que o conheceremos como somos conhecidos por Ele.

Somos convidados a nos refugiar em Deus e a tomarmos posse dessa esperança que nos é proposta por meio de Jesus, para que essa esperança seja como uma âncora para nossa alma, que nos mantém firmes e seguros mesmo em meio às tempestades que podem nos sobrevir (HEBREUS 6:17-19). *Para quem crê em Jesus, ter esperança é saber que apesar das dificuldades que enfrentamos nesta vida, o melhor ainda está por vir.*

QUESTÕES PARA DEBATE

1. Onde você coloca a sua esperança?
2. Será que em meio às dificuldades, você tem mantido sua esperança firme em Jesus?
3. O que você tem feito com a esperança proposta por Jesus?

ORAÇÃO

Senhor Jesus, agradeço-te porque estás vivo e com cada um de nós sempre, em qualquer circunstância. Ajuda-nos a lembrar todos os dias da esperança que nos trouxeste, para nos mantermos firmes em ti, e assim como Paulo, que o nosso viver seja o Senhor, pois o melhor ainda está por vir.

HAMER IBOSHI
Ciência da Computação — Jesus na UFPR

ANOTAÇÕES

SEMANA 19

AMANTES DA PALAVRA

Talvez você já tenha encontrado um livro tão bom, mas tão bom, que não conseguiu parar de ler até chegar ao final. Talvez, para isso, você até tenha deixado de dormir lendo-o até o dia clarear.

A Bíblia nos conta de um salmista que encontrou um livro assim, pois ele declarou: "Como eu amo a tua lei; penso nela o dia todo!" (SALMO 119:97). Porém mais do que apenas a curiosidade de saber o que acontece no final, tal livro despertava algo no interior desse salmista: "Minha alma consome-se de perene desejo das tuas ordenanças" (v.20 NVI).

ONDE ENCONTRAR NA BÍBLIA?

SALMO 119:97
Como eu amo a tua lei; penso nela o dia todo!

JEREMIAS 15:16 (KJA)
Quando a tua Palavra foi encontrada, eu comi cada frase e as digeri em meu íntimo; elas me nutrem dia após dia, são minha satisfação e júbilo maior; porquanto teu Nome foi invocado sobre mim, isto é, pertenço a ti!

FALANDO SOBRE O ASSUNTO

Há diversos aspectos de Deus que nos tornam fascinados por Ele. O que sabemos hoje é uma pequena parte de tudo o que Ele tem a nos revelar quando mergulhamos em Sua Palavra. E em apenas um capítulo desse maravilhoso livro encontramos três aspectos do caráter de Deus que nos provocam fascínio. Em 2 Timóteo 2, vemos que a salvação revela a glória eterna, que só quando nos purificamos, tornamo-nos úteis para o Senhor que é Santo e que mesmo quando falhamos, Ele continua sendo fiel.

A fascinante Palavra de Deus

A Bíblia é a Palavra de Deus, a forma pela qual podemos conhecer a vontade do Senhor para nossa vida. Muitas vezes a tratamos como um livro comum que reúne várias frases de autoajuda, que nos ensinam bons costumes e que nos encorajam.

Jesus ensina aos judeus que não basta apenas ouvir a Palavra, nem apenas estudar sobre ela, se não nos achegarmos ao autor dela: Deus e termos uma experiência real com Ele (JOÃO 5:39-40).

Precisamos ter experiências como a dos discípulos no caminho de Emaús (LUCAS 24:32): buscar o Autor dessa Palavra e permitir que Ele incendeie o nosso coração enquanto aprendemos por meio das Escrituras.

A partir do momento que nosso coração começa a queimar, já não há mais como não ficar fascinado pela Palavra de Deus. Quando nos aprofundamos nela, adquirimos uma responsabilidade: transbordar do que lemos para aqueles que estão ao nosso redor.

Vivendo a Palavra

Temos que entender a importância de não só conhecer, mas viver pela Palavra de Deus. No deserto, quando Jesus foi tentado pelo diabo a transformar pedra em pão, após o Senhor estar 40 dias sem comer, Ele respondeu: "As Escrituras dizem: 'Uma pessoa não vive só de pão, mas de toda palavra que vem da boca de Deus'" (MATEUS 4:4). Quando o Senhor diz: "As Escrituras dizem", mostra que não só temos que viver alinhados com a Palavra, mas também que necessitamos dela como de alimentação diária.

Certa vez, um pregador disse: "Nós somos as Bíblias que o mundo está lendo... Nós somos os sermões que o mundo está prestando atenção". Por meio da Palavra aprendemos como proceder diante das pessoas que nos relacionamos e a como refleti-la, de modo que elas fiquem fascinadas por Cristo através do nosso exemplo.

Talvez você conheça a Palavra de Deus, já medita nela e vive segundo o que ela orienta. Mas hoje queremos lembrar a você que o Senhor dessa Palavra não está morto, não está distante. Ele está disposto a trazer revelações fundamentais para a sua vida. O Autor desse Livro é o Deus vivo e habita em seu interior por meio do Espírito Santo. Enquanto estiver lendo as Escrituras, não ignore a presença dele, pois Ele é quem revela a Palavra e esclarece suas dúvidas. Deixe o seu coração ser incendiado por este "fogo" que o salmista apresenta: "Tenho obedecido a teus preceitos, pois os amo muito" (SALMO 119:167).

Talvez você esteja ouvindo isso pela primeira vez, ou ainda não havia se interessado em ler Salmos. Por isso, hoje, quero despertar sua curiosidade quanto a esse livro e posso garantir que quando começar a lê-lo, você será tomado por uma vontade como a de Jeremias (JEREMIAS 15:16), e pela revelação de que você vale mais do que imagina!

QUESTÕES PARA DEBATE

1. Qual trecho da Palavra de Deus o tem fascinado nos últimos dias?
2. O que você acha que ainda falta para deleitar-se verdadeiramente ao ler a Bíblia?
3. Você já teve a experiência de ler algum texto bíblico e, mais tarde, Deus lhe mostrar algo totalmente diferente do que havia entendido inicialmente? Se sim, qual texto foi esse?

ORAÇÃO

Deus, obrigado por nos dar o privilégio de ter em nossas mãos o livro mais fascinante já escrito! Que possamos ter, cada dia mais, o nosso coração incendiado pela leitura da Tua Palavra. Não queremos ser negligentes e apenas guardar isso para nós; queremos compartilhar as boas-novas expressas na Bíblia e, não apenas ler e falar sobre, mas viver o que aprendemos de ti a partir dela. Queremos ter a revelação da Palavra viva, a revelação do Deus por trás da Palavra, e conhecer cada dia mais a Verdade, para que ela nos ensine como viver em santidade. Em nome de Jesus. Amém!

GABRIEL MORAIS
Gestão da Informação — Jesus na UFPR

ANOTAÇÕES

SEMANA 20

A NOIVA É UMA MULTIDÃO

ONDE ENCONTRAR NA BÍBLIA?

JOÃO 17:20-21

Não te peço apenas por estes discípulos, mas também por todos que crerão em mim por meio da mensagem deles. Minha oração é que todos eles sejam um, como nós somos um, como tu estás em mim, Pai, e eu estou em ti. Que eles estejam em nós, para que o mundo creia que tu me enviaste.

ROMANOS 8:29

Pois Deus conheceu de antemão os seus e os predestinou para se tornarem semelhantes à imagem de seu Filho, a fim de que ele fosse o primeiro entre muitos irmãos.

Jesus está preparando para si a Noiva e ela é milhares de pessoas que, uma vez perdoadas pelo sacrifício de Jesus, são reconciliadas com Deus. Cristo sonhou com uma comunidade de pessoas que fossem parecidas com Ele, que vivessem em unidade com Deus e com seus irmãos e, juntas, revelassem toda a beleza dele, fazendo o Noivo conhecido em toda a Terra.

FALANDO SOBRE O ASSUNTO

A Noiva é plural

A Noiva é a Igreja de Cristo; é a comunidade de pessoas que creem no Seu nome e vivem amando a Deus sobre todas as coisas e ao próximo como a si mesmos (MARCOS 12:30-31).

Jesus, orando ao Pai, logo antes do grande sofrimento que o levaria a cruz, expressou Seus desejos íntimos a nosso respeito: que sejamos um, unidos uns com os outros, e que sejamos um com Deus. Ele orou pela Noiva que viveria em unidade com Deus e em comunidade (JOÃO 17:20-21). E Ele morreu por isso.

Como assim? Em Gênesis 3 é relatada a queda do homem e a ruptura do relacionamento de amor e unidade do homem com Deus. Por isso, Jesus Cristo foi morto na cruz, como sacrifício pelos nossos pecados a fim de nos reconciliar com o Pai e para redimir o relacionamento do homem com o seu semelhante. É incrível que seja exatamente por tais coisas que Cristo orou antes de ser crucificado.

O plano de Deus é que todos sejamos parte de uma família de muitos irmãos parecidos com Jesus, o primogênito (ROMANOS 8:29). Cristo, por intermédio da Sua cruz, fez-nos o Seu corpo, a Sua Igreja, concidadãos santos e membros da família de Deus (EFÉSIOS 2:11-22). Portanto, temos que ter em mente que a Noiva de Cristo não são pessoas individuais. Ele não vem buscar pessoas isoladas, mas vem para uma comunidade de pessoas que custou o Seu sangue. Isso nos constrange a não viver um Cristianismo individualizado, mas a ter comunhão com irmãos, num relacionamento profundo, redimido e conquistado por Cristo.

Moldados na comunhão

Por que essa unidade é tão importante e requerida por Jesus? Porque é nesse ambiente de comunhão que o caráter de Cristo é moldado em nós, e de fato nos tornamos filhos parecidos com Ele. Em Colossenses 3:11-16, Paulo descreve diversos atributos de Jesus que só se desenvolvem no contexto de relacionamentos: "compaixão, bondade, humildade, mansidão e paciência", compreensão de um para o outro, perdão, amor e aconselhamento na Palavra.

Irmãos, reflitam no tamanho da beleza de Jesus em tudo isso. Cada um de nós foi criado com uma personalidade única, presenteado com dons e habilidades, mas quando estamos unidos, revelamos a multiforme graça e sabedoria de Deus, expressamos toda a Sua riqueza nas mais diferentes formas (1 PEDRO 4:10; EFÉSIOS 3:10). E essa é a importância de fazer parte de uma igreja local.

Talvez alguns de vocês estejam pensando: "Ah, mas é bem mais difícil que isso". Talvez você já tenha se decepcionado em alguma igreja. Então, por que é tão difícil? Por minha causa. Porque não sei perdoar, porque não sei honrar os outros, porque não tenho mansidão e misericórdia. E assim como eu, meus irmãos também são pecadores. Porém devemos insistir na comunhão do Corpo até que o caráter de Cristo seja moldado em nós.

Pela unidade o conhecerão

Por fim, Cristo sonhou com uma comunidade de pessoas que juntas o fazem conhecido: "...como tu estás em mim, Pai, e eu estou em ti. Que eles estejam em nós, para que o mundo creia que tu me enviaste" (JOÃO 17:21). Essa era a realidade da Igreja Primitiva descrita no livro de Atos.

Em Atos 4, quando Pedro e João saem da prisão e encontram-se com seus irmãos, a Igreja ora para que possam anunciar a Palavra com intrepidez e moverem-se em cura e sinais em nome de Jesus. Há grande poder na oração em comunidade, já que Cristo nos prometeu que o que ligássemos juntos na Terra, também seria ligado no Céu.

Mais tarde, em Atos 17, os cristãos tornam-se conhecidos como "Aqueles que têm causado transtornos no mundo todo..." (v.6). Insistimos em sermos um, para que o caráter de Cristo seja impresso em nós e juntos revelemos a multiforme graça de Deus. Assim, o mundo todo poderá saber que Jesus Cristo é o Senhor. Afinal, a Noiva não é apenas "eu"; a Noiva somos "nós", a multidão dos remidos: "Depois disso, vi uma imensa multidão, grande demais para ser contada, de todas as nações, tribos, povos e línguas, em pé diante do trono e diante do Cordeiro. Usavam vestes brancas e seguravam ramos de palmeiras. E gritavam com grande estrondo: 'A salvação vem de nosso Deus, que está sentado no trono, e do Cordeiro!'" (APOCALIPSE 7:9-10).

QUESTÕES PARA DEBATE

1. Você se esforça para desenvolver relacionamentos profundos com seus irmãos em Cristo e ter um caráter moldado por Ele?
2. Sua vida prática tem tornado Cristo conhecido em sua comunidade? De que forma?
3. O que me impede de viver em comunhão?

ORAÇÃO

Senhor Jesus, agradeço-te por Teu amor derramado por nós na cruz.
Agradeço-te, porque para estar reconciliado com Deus e ser
a Tua Igreja, Tua noiva, custou o Teu sangue precioso. Quero honrar
o Teu sacrifício com a minha vida, esforçando-me para ser um
com os Teus remidos, sendo moldado pelo Teu Espírito. Jesus, permita
que juntos façamos a Tua pessoa conhecida em toda a Terra.

REBECA GANDARA
Medicina — Jesus na UFPR

SEMANA 21

A NOIVA E O CORDEIRO

Toda a história da Salvação, ou seja, a morte de Cristo na cruz e a Sua ressurreição, tem o seu ápice neste ponto: Ele voltará para buscar a Sua Noiva, a Sua Igreja. A Noiva é descrita como vestida de pureza e atos de justiça, e o Noivo é descrito como Cordeiro (APOCALIPSE 19:7). E por que Cordeiro? Porque o Cordeiro sem mácula, Jesus Cristo, foi sacrificado pelos nossos pecados e Ele ofereceu-se em sacrifício perfeito pelos pecadores.

ONDE ENCONTRAR NA BÍBLIA?

HEBREUS 9:14

...imaginem como o sangue de Cristo purificará nossa consciência das obras mortas, para que adoremos o Deus vivo. Pois, pelo poder do Espírito eterno, Cristo ofereceu a si mesmo a Deus como sacrifício perfeito.

APOCALIPSE 19:7

Alegremo-nos, exultemos e a ele demos glória, pois chegou a hora do casamento do Cordeiro, e sua noiva já se preparou.

FALANDO SOBRE O ASSUNTO

O casamento eterno

Há um grande casamento que está marcado na eternidade. A Bíblia fala sobre as bodas do Cordeiro. Fala sobre o Noivo, que é Jesus, e fala também sobre a Noiva, a Igreja, e suas vestes de linho finíssimo, que "representa os atos justos do povo santo" (VER APOCALIPSE 19:7-8).

No Antigo Testamento, quando Deus dá as diretrizes para a construção do tabernáculo, encontramos a menção ao linho fino (ÊXODO 26:1), e ao cordeiro, animal usado para expiação pelos pecados do povo (ÊXODO 29; LEVÍTICO 22).

Sabemos que isso era uma sombra do que viria, indicando que Deus "tabernacularia" entre os homens. O Senhor faria para si um lugar para Sua habitação, e para tal Cristo se ofereceu como "o Cordeiro de Deus, que tira o pecado do mundo" (JOÃO 1:29), e fez de nós habitação do Altíssimo.

O Noivo que se sacrifica

É interessante nos atentarmos para esses detalhes que se repetem. Cristo se intitula o Noivo e é também chamado de Cordeiro. Por que será que o Noivo é a figura do Cordeiro e a Noiva é descrita com tais características?

Seria impossível que aquela a quem Cristo chamou para ser Sua Noiva, seja Sua Noiva senão por meio dele, o Cordeiro. Seria impossível para Noiva se adornar com atos de justiça, vestir-se de linho puro e resplandecente, se o Cordeiro não fosse morto para comprá-la e purificá-la com o Seu próprio sangue (APOCALIPSE 5:9). No lugar da vergonha, nudez e vestes imundas, Ele cobriu Sua Noiva de honra e prometeu a ela uma aliança eterna (ISAÍAS 61:9).

Sempre ouvimos dizer que todas as religiões levam a Deus, que têm o mesmo fim, pregam os mesmos princípios de amor, justiça etc. Contudo, somente Aquele que é puro pode purificar, Aquele que é santo pode santificar, e Aquele que é justo pode justificar! Sem Cristo é impossível que a Noiva seja frutífera, e que suas vestes sejam atos de justiça. Nossa própria justiça, sem Ele, é como trapos de imundícia (ISAÍAS 64:6). Apenas conhecendo ao Senhor podemos frutificar em justiça (FILIPENSES 1:9). Deus fez, do Cordeiro Santo, "Cristo, aquele que nunca pecou, a oferta por nosso pecado, para que por meio dele fôssemos declarados justos diante de Deus" (2 CORÍNTIOS 5:21). A Noiva só é Noiva, porque o Noivo é o Cordeiro!

QUESTÕES PARA DEBATE

1. Quais características da Noiva de Cristo vejo em mim e o que ainda me falta?
2. Tenho buscado conhecer a Cristo, o Cordeiro de Deus?
3. O que pode fazer com que a Noiva perca o casamento?

ORAÇÃO

Senhor Jesus, que te conheçamos cada dia mais, e que o conhecer a ti gere frutos de justiça em nós. Que possamos entender que sem ti nada podemos ser, nada podemos fazer. Tu és o centro, Aquele que nos ama, que se entregou para fazer de nós uma Noiva perfeita, preparada para o grande dia, em que habitaremos contigo para todo sempre! Amém.

TIEME BRETERNITZ HARFOUCHE
Engenharia Florestal — Jesus na UFPR

ANOTAÇÕES

SEMANA 22

GUARDANDO O CORAÇÃO

ONDE ENCONTRAR NA BÍBLIA?

PROVÉRBIOS 4:23
Acima de todas as coisas, guarde seu coração, pois ele dirige o rumo de sua vida.

GÊNESIS 2:15
O SENHOR Deus colocou o homem no jardim do Éden para cultivá-lo e tomar conta dele.

MARCOS 4:3-9
"Ouçam! Um lavrador saiu para semear. Enquanto espalhava as sementes pelo campo, algumas caíram à beira do caminho, e as aves vieram e as comeram. Outras sementes caíram em solo rochoso e, não havendo muita terra, germinaram rapidamente, mas as plantas logo murcharam sob o calor do sol e secaram, pois não tinham raízes profundas. Outras sementes caíram entre espinhos, que cresceram e sufocaram os brotos, sem nada produzirem. Ainda outras caíram em solo fértil e germinaram, cresceram e produziram uma colheita trinta, sessenta e até cem vezes maior que a quantidade semeada". Então ele disse: "Quem tem ouvidos para ouvir, ouça com atenção!".

Desde adolescentes, ouvimos sobre a necessidade de guardarmos o nosso coração. Ao contrário do que geralmente pensamos, esse assunto vai muito além dos relacionamentos amorosos, pois trata-se do cerne da própria vida e o cuidado que devemos dispensar a ela. A palavra guardar significa "vigiar para defender, proteger, preservar" ou "tomar conta, zelar por" (Houaiss, 2009). Foi nesse sentido que Deus ordenou a Adão guardar o Éden. E assim como o Senhor proveu a Adão todos os recursos necessários para que ele pudesse obedecê-lo e proteger o jardim, hoje Deus nos concede tudo o que precisamos para proteger o nosso "jardim", o lugar onde há vida em nós, o lugar da Sua habitação.

O que prevalece em nosso coração não está condicionado ao que vem de fora — como influências, estímulos ou palavras de provocação — mas ao que decidimos cultivar em nosso interior.

Quando nosso coração está guardado, Deus tem espaço, tempo e liberdade para agir em nós e através de nós. Ele se torna o lugar de habitação do Senhor na Terra por meio do Espírito Santo.

FALANDO SOBRE O ASSUNTO

Nossa responsabilidade

Provérbios 4:23 usa o verbo guardar no imperativo: guarde a fim de nos responsabilizar e orientar quanto ao nosso interior. Isso significa que a responsabilidade de guardar o coração é nossa, não de Deus! O Senhor nos concede graça, sabedoria e discernimento para nos capacitar fazer isso, mas Ele não o faz por nós!

É uma grande responsabilidade, mas o Senhor não nos deixa desamparados. Pois Jesus já abriu o caminho e nos deu o perfeito exemplo de como cumprir tal ordenança.

Graças ao Seu perfeito sacrifício, podemos chegar diante do Pai em sincero arrependimento e fé, pois Aquele que prometeu é fiel para completar Sua boa obra em nós (HEBREUS 10:19-23).

Nossa prática

Somente quem tem o coração puro pode ver a Deus (MATEUS 5:8), e esse é o grande objetivo para nos guardarmos — permanecer na presença de Deus com "mãos puras e o coração limpo" (SALMO 24:4). O apóstolo Pedro, em sua segunda carta, nos dá uma direção de como podemos exercer isso em nossa vida. Ele nos orienta a adicionar diversos elementos a fé: bondade, conhecimento, domínio próprio, perseverança, fraternidade e amor (2 PEDRO 1:5-10).

Se nos empenharmos para reafirmar o chamado de Deus para a nossa vida, obedecendo-o em todas as coisas, e isso inclui guardar o nosso coração, permaneceremos protegidos das ciladas do inimigo e preparados para a vinda do nosso Senhor Jesus, nossa esperança eterna.

QUESTÕES PARA DEBATE

1. Você compreende a importância de guardar o coração e a implicação disso no seu relacionamento com Deus e com os outros? Como isso tem se revelado?
2. Você tem buscado o auxílio do Espírito Santo para conseguir ser fiel a este compromisso? De que maneira?
3. Como você tem enfrentado as tentações e o pecado? Compreende a gravidade das consequências deles em sua vida?

ORAÇÃO

Pai, agradeço-te por teres enviado Teu Filho Jesus para se sacrificar por mim e me salvar da morte eterna! Obrigada, Jesus, por me perdoar e me purificar de meus pecados, e por jamais se cansar de me receber e me ensinar sobre o Teu amor.

Ensina-me, Espírito Santo, como Jesus a guardar meu coração em meio a uma rotina atropelada e de tantos estímulos que tentam me distrair. Declaro que minha vida pertence ao Senhor e nenhuma tentação será capaz de me afastar do Teu amor. Eu o amo, Senhor, e desejo que esse amor cresça a cada dia mais! Ajuda-me a desenvolver um caráter santo e uma vida devota somente a ti.

JULIA GONÇALVES
Bacharelado em Design — UTFPR em Cristo

ANOTAÇÕES

SEMANA 23

A GLÓRIA DE DEUS

Usamos o adjetivo "fascinado" quando algo nos prende a atenção de tal maneira que faz nosso coração bater mais forte, enche nossos olhos e cala todas as vozes interiores, como se nada mais existisse ao redor.

Um vislumbre da glória e da majestade de Jesus faz com que fiquemos fascinados por Ele, e revelam o quanto Ele é exaltado. A glória de Jesus e o motivo pelo qual Ele é glorioso e glorificado afetam poderosa e diretamente quem o contempla e se aproxima dele.

Por isso, convidamos você a conhecer o motivo pelo qual Jesus é fascinante.

ONDE ENCONTRAR NA BÍBLIA?

COLOSSENSES 3:4
E quando Cristo, que é sua vida, for revelado ao mundo inteiro, vocês participarão de sua glória.

2 CORÍNTIOS 3:18
Portanto, todos nós, dos quais o véu foi removido, podemos ver e refletir a glória do Senhor, e o Senhor, que é o Espírito, nos transforma gradativamente à sua imagem gloriosa, deixando-nos cada vez mais parecidos com ele.

FALANDO SOBRE O ASSUNTO

Olhando para Aquele que nos salva

Jesus é anunciado por toda Bíblia. Incontáveis fatos apontam para Ele. Em Números 21, o povo de Israel murmurou e falou contra Deus. Isso permitiu que serpentes viessem ao acampamento e trouxesse morte ao povo. Então o povo clamou e Deus ordena a Moisés que levante em um poste com uma serpente de bronze no topo. Quem fosse picado e apenas olhasse para ela, seria curado.

Em João 3:14 temos a revelação de que esse acontecimento era uma indicação daquele que haveria de vir. Jesus veio, sendo necessário que fosse levantado em um madeiro para que quem olhasse para Ele pudesse crer, e crendo fosse curado do veneno mortal que corria nas veias da natureza humana por causa do pecado, e alcançasse vida eterna.

Isaías foi um dos profetas a quem Deus revelou sobre Jesus. Ele escreveu que o deserto e a terra seca se alegrariam e a glória e o resplendor do Senhor seriam vistos por todos (ISAÍAS 35).

Vendo a glória de Deus

Jesus veio e o mistério que esteve oculto foi revelado. Passaram-se séculos até João afirmar: "E vimos sua glória" (JOÃO 1:14); e Hebreus confirma: "O Filho irradia a glória de Deus" (HEBREUS 1:3).

O Verbo veio ao mundo, revelou a glória de Deus e foi glorificado por Sua morte e ressurreição. Além disso, recebeu toda autoridade e o nome que está acima de todo nome, trazendo cura, salvação e estabelecendo um Reino inabalável.

Jesus esvaziou-se de si mesmo e foi morto em um madeiro, mesmo sendo Ele o próprio Rei da glória (SALMO 24:10). Isso, para que os pecadores que estavam destituídos da glória de Deus fossem revestidos de Sua glória!

Por isso, o rosto dele foi coberto de vergonha (SALMO 69:6-7). E foi feito assim para que ao contemplarmos sua face, a vergonha da nossa vida fosse dissipada para sempre (SALMO 34:5). O braço dele nunca esteve encolhido para que não pudesse salvar, mas nossos próprios pecados nos separavam dele (ISAÍAS 59:1-2). Agora Ele nos chama: "Que todo o mundo se volte para mim para ser salvo! Pois eu sou Deus, e não há nenhum outro" (ISAÍAS 45:22)!

A glória do Senhor nos fascina, afinal Ele venceu o pecado e a morte, e hoje basta apenas olhá-lo para sermos curados! Podemos com a face descoberta, sem nada que nos impeça de ter um vislumbre, contemplá-lo e sermos transformados de glória em glória (2 CORÍNTIOS 3:18).

Jesus precisa ser levantado e exaltado em nós, no deserto e terra seca do nosso coração, para que assim sejam transformados em mananciais! E não para aí!

Tornamo-nos portadores de Sua glória e glorificamos a Deus Pai por Seu Espírito que nos torna frutíferos (JOÃO 15:8).

QUESTÕES PARA DEBATE

1. O quanto Jesus o fascina?
2. Você já teve um vislumbre de Sua glória? Se sim, como foi?
3. Sua vida é como um manancial ou sente que está como um deserto ou terra seca? O que você pode fazer a respeito?

ORAÇÃO

Jesus, queremos ser fascinados por ti, queremos glorificar Teu nome e fazê-lo exaltado onde quer que estejamos. Transforma em mananciais a terra seca do nosso coração neste dia. Que possamos te conhecer profundamente e ser vivificados por ti. Desejamos Tua cura e salvação em cada vida ao redor. Que o Teu Reino venha, em nome de Jesus. Amém.

TIEME HARFOUCHE
Engenharia Florestal — Jesus na UFPR

REBECA GANDARA
Medicina — Jesus na UFPR

ANOTAÇÕES

SEMANA 24

A FIDELIDADE DE DEUS

ONDE ESTÁ NA BÍBLIA?

2 TIMÓTEO 2:13
Se formos infiéis, ele permanecerá fiel, pois não pode negar a si mesmo.

MATEUS 22:37-38
Jesus respondeu: "Ame o Senhor, seu Deus, de todo o seu coração, de toda a sua alma e de toda a sua mente". Este é o primeiro e o maior mandamento.

Ser fascinado por algo vai muito além do que um mero deslumbre. É ser completamente dominado pela adoração, arrebatados por uma característica que nos chamou muito atenção e que agora exerce poder e influência sobre nós.

O caráter de Deus nos maravilha ao mesmo tempo que nos constrange. Pois como pode um ser Perfeito, Santo e Constante amar seres tão inconstantes como nós?

Ser fascinado pela fidelidade de Deus não é apenas acreditar que Ele é fiel para cumprir Suas promessas e nos abençoar (inclusive com bens materiais), mas compreender que Ele jamais mudará ou desistirá de nós, não importa as circunstâncias.

Que não sejamos mais criaturas inconstantes, mas filhos fascinados e imitadores da fidelidade do nosso Pai!

FALANDO SOBRE O ASSUNTO

Fidelidade é uma característica daquele que é leal, confiável, honesto e verdadeiro. Deus, em Sua perfeita essência, possui a fidelidade como um atributo intrínseco ao Seu ser (SALMO 33:4). Desse modo, Ele é chamado diversas vezes de "Rocha", expressão metafórica para referir-se ao seu caráter inabalável (DEUTERONÔMIO 32:4).

Deus é fidelidade. Ou seja, não é algo que Ele passou a ser, ou de certa forma "aprendeu". Não é um estado momentâneo, pois é parte de Sua natureza. Ele não muda (VER TIAGO 1:17 E HEBREUS 13:8). Por isso sua fidelidade é eterna (VER SALMO 119:89-91).

Deus foi fiel com o povo de Israel durante milhares de gerações, protegendo-os e guardando-os em toda sorte de adversidade. Sempre que eles clamavam por ajuda, Ele vinha em socorro deles. Ele jamais abandonou os Seus filhos ou se esqueceu da promessa que tinha feito a eles (DEUTERONÔMIO 4:30-31). Por outro lado, o povo, incontáveis vezes, traiu a bondade do Senhor: desprezaram os Seus mandamentos, entregaram-se à prostituição e idolatria a outros deuses (OSEIAS 4:12).

Deus é fiel e justo, independentemente de todos os problemas que vemos e enfrentemos nesta Terra. O Senhor é sempre íntegro (ROMANOS 3:3-4).

No entanto, isso em hipótese alguma significa que podemos continuar pecando à vontade, já que Ele nos perdoa e aceita. Ele é justo juiz e conhece a motivação do nosso coração e pensamentos. Como Pulo adverte: "Não se deixem enganar: ninguém pode zombar de Deus. A pessoa sempre colherá aquilo que semear" (GÁLATAS 6:7).

Não alteramos Sua essência, mas atraímos Seu juízo e correção — que é parte de Sua natureza também — (SALMO 94:11-15). Ele é Pai e corrige os que ama (HEBREUS 12:5-8). Portanto, não devemos entender nossas aflições como punições ou danos, mas como atos de amor, zelo e aperfeiçoamento que nos molda ao caráter de Jesus Cristo.

Sendo filhos, devemos nos parecer com o nosso Pai que está no Céu. Ele procura imitadores (EFÉSIOS 5:1), e pede-nos para que, por meio de Cisto, sejamos íntegros, fiéis e puros assim como Ele é (1 TESSALONICENSES 5:23).

Estar fascinado pelo bom Pai é desejar ardentemente que a Sua integridade e fidelidade seja manifesta em nós. Seu caráter imutável revela o quão instável e infiéis somos quando se trata de o buscar e agradá-lo. Sua fidelidade é infinita e continua a mesma desde nossos antepassados. Da mesma forma que o Senhor foi leal aos profetas, reis, discípulos e ao nosso Salvador Jesus Cristo, Ele está conosco hoje. Pois é o mesmo inabalável Espírito que habita em nós (ROMANOS 8:11). E o Senhor anseia por ter filhos sedentos em conhecê-lo cada vez mais (OSEIAS 6:6).

O relacionamento que devemos ter com Deus não pode ser como o de uma noiva adúltera que troca o Senhor por qualquer prazer momentâneo (JEREMIAS 3:1,13-14). Ele requer fidelidade assim como nós exigimos fidelidade em nossos relacionamentos aqui na Terra. E isso carece de tempo de conversa (oração), deleite em meditar em Sua Palavra, e, sobretudo amor (2 CRÔNICAS 7:4).

Colocá-lo acima de todas as coisas, o primeiro mandamento que Deus nos deixou, é uma questão de fidelidade. Compromisso em ter o Senhor como nossa prioridade e único bem

(MATEUS 22:37-38). Pois só assim ouviremos dele na glória: "Muito bem, meu servo bom e fiel" (MATEUS 25:21).

Que não nos cansemos de querer o buscar e ser mais parecidos com Ele, pois o Senhor é fiel e sempre o será!

QUESTÕES PARA DEBATE

1. Existe algo que o leva a duvidar que o Senhor é fiel?
2. Estar fascinado pela fidelidade de Deus faz você querer o imitar? De que forma?
3. Como permanecer num relacionamento constante de fidelidade com o Senhor?

ORAÇÃO

Senhor meu Deus e Pai, agradecemos-te por Tua infinita fidelidade. Por não nos abandonar, nem esquecer de nós. Em nenhuma circunstância o Senhor nos desamparou. Perdoa-nos por não conseguirmos manter um relacionamento puro, estável e íntegro como deveríamos. Mas nos fortalece e ajuda-nos a ser como tu és: fiel e verdadeiro! Em nome de Jesus. Amém!

BRUNNA MARQUES
Geografia — Jesus na UFPR

ANOTAÇÕES

SEMANA 25

A AUTORIDADE DO NOME DE JESUS

Porque Ele vive, nosso coração é tomado de esperança. Celebramos que Cristo vive, e por isso, temos a segurança de um amanhã, da eternidade a ser desfrutada em Sua doce presença. Além de nos assegurar a vida eterna, a ressurreição de Cristo também nos garante uma nova realidade de vida hoje, firmada na fé em Seu nome e na comunhão com Seu Espírito Santo.

ONDE ENCONTRAR NA BÍBLIA?

MATEUS 28:18-20

Jesus se aproximou deles e disse: "Toda a autoridade no céu e na terra me foi dada. Portanto, vão e façam discípulos de todas as nações, batizando-os em nome do Pai, do Filho e do Espírito Santo. Ensinem esses novos discípulos a obedecerem a todas as ordens que eu lhes dei. E lembrem-se disto: estou sempre com vocês, até o fim dos tempos".

ATOS 2:24

Mas Deus o ressuscitou, libertando-o dos horrores da morte, pois ela não pôde mantê-lo sob seu domínio.

FALANDO SOBRE O ASSUNTO

A autoridade de Jesus

Depois de ressuscitar dos mortos, Cristo permaneceu durante 40 dias na Terra, ensinando os discípulos acerca do Reino de Deus (ATOS 1:3). Antes de ascender aos Céus, Jesus garantiu aos Seus discípulos que toda a autoridade lhe fora dada e que Ele estaria conosco todos os dias até a consumação dos séculos (MATEUS 28:18-20). Nessa fala de Jesus estão contidas duas realidades que nós temos acesso hoje: caminhar de fé baseado na autoridade do nome de Jesus e vida de comunhão com o Cristo vivo.

Na cruz, Cristo carregou sobre si o castigo pelo nosso pecado. Também carregou toda a sorte de enfermidades e todo o jugo de escravidão que pesava sobre nós (ISAÍAS 53:4-11). Mas por ter sido Santo e Puro em tudo, ofereceu a Deus o sacrifício perfeito — "De fato, segundo a lei, quase tudo era purificado com sangue, pois sem derramamento de sangue não há perdão" (HEBREUS 9:22) —, e ressuscitou vitorioso sobre a morte, de modo que a morte não pôde contê-lo (ATOS 2:22-24).

Cristo se fez homem, a si mesmo se humilhou e morreu em nosso lugar, mas Deus o exaltou sobremaneira e lhe deu o nome que está acima de todo o nome (FILIPENSES 2:8-11). Por Sua ressurreição, tudo o que há no Céu e na Terra foram colocados debaixo da autoridade do nome de Jesus.

Cristo vive e reina hoje nos Céus, à direita de Deus, poderoso para realizar o que pedimos em Seu nome e de acordo com a Sua vontade (JOÃO 14:12-13; 1 JOÃO 5:14-15). Foi essa realidade que os discípulos experimentaram e que foi descrita ao longo do livro de Atos.

A autoridade que temos em Seu nome

Em Atos 3, Pedro cura um aleijado de nascença a porta do Templo, dizendo: "Em nome de Jesus Cristo, o nazareno, levante-se e ande!" (v.6). Tal cura deixou o povo atônito. Após isso, Pedro e João foram presos pelo fato de anunciarem, em Jesus, a ressurreição dos mortos (ATOS 4:1-2). Quando as autoridades que os prenderam perguntaram: "Com que poder, ou em nome de quem, vocês fizeram isso?" (ATOS 4:7), os discípulos responderam: "Saibam os senhores e todo o povo de Israel que ele foi curado pelo nome de Jesus Cristo, o nazareno, a quem os senhores crucificaram, mas a quem Deus ressuscitou dos mortos" (ATOS 4:10).

Porque Ele vive, há poder e autoridade em Seu nome para curar. Além disso, porque Ele vive, "todo o que nele crer receberá o perdão de seus pecados por meio de seu nome" (ATOS 10:43). Todo aquele que o invocar será salvo (ROMANOS 10:9,13).

Cristo sempre presente

Além de nos garantir que toda a autoridade é Sua e chamar-nos para um caminhar de fé em Seu nome, Cristo também nos ensina que, porque Ele vive, está conosco todos os dias. Jesus reina em autoridade nos Céus, exaltado à destra de Deus, mas é, ao mesmo tempo, próximo, íntimo e acessível. Como? Quando ressuscitou e ascendeu aos Céus, Jesus rogou ao Pai e Ele nos enviou o Seu Espírito (JOÃO 14:16-17). Por isso Cristo afirmou que convinha que Ele morresse e ressuscitasse (JOÃO 16:7). Agora, o Espírito que ressuscitou Jesus dos mortos vive em nós! Nós temos a vida de Cristo bem aqui, dentro de nós. Porque Ele vive, somos um com Ele.

QUESTÕES PARA DEBATE

1. Você crê na autoridade do nome de Jesus para curar e salvar?
2. O que o faz duvidar da autoridade do nome de Jesus?
3. Você vive em comunhão com Cristo, que está vivo e acessível?

ORAÇÃO

Senhor Jesus, obrigada por estar vivo e ser o mesmo hoje e sempre. Somente porque tu vives, temos esperança. Enche-nos de fé no Teu nome poderoso, Jesus. Enche-nos de ousadia para proclamarmos cura e salvação em Teu nome. Reina entre nós conforme o Teu querer e habita nosso íntimo. Obrigada Jesus, porque podemos nos relacionarmos contigo através do Teu Espírito. Leva-nos a lugares mais profundos de intimidade. Queremos ser um contigo. Em nome de Jesus. Amém!

REBECA GANDAR
Medicina — Jesus na UFP

ANOTAÇÕES

SEMANA 26

O REINO DE DEUS E A RESSURREIÇÃO DE JESUS

ONDE ENCONTRAR NA BÍBLIA?

ROMANOS 14:17-18

Pois o reino de Deus não diz respeito ao que comemos ou bebemos, mas a uma vida de justiça, paz e alegria no Espírito Santo. Se servirem a Cristo com essa atitude, agradarão a Deus e também receberão a aprovação das pessoas.

JOÃO 20:19-23

Ao entardecer daquele primeiro dia da semana, os discípulos estavam reunidos com as portas trancadas, por medo dos líderes judeus. De repente, Jesus surgiu no meio deles e disse: "Paz seja com vocês!". Enquanto falava, mostrou-lhes as feridas nas mãos e no lado. Eles se encheram de alegria quando viram o Senhor. Mais uma vez, ele disse: "Paz seja com vocês! Assim como o Pai me enviou, eu os envio". Então soprou sobre eles e disse: "Recebam o Espírito Santo. Se vocês perdoarem os pecados de alguém, eles estarão perdoados. Se não perdoarem, eles não estarão perdoados".

Este estudo traz a comparação entre dois textos: um sobre o Reino de Deus e o outro sobre a ressurreição de Jesus. O propósito é levá-lo a refletir sobre alguns dos efeitos da ressurreição de Jesus no Reino de Deus.

FALANDO SOBRE O ASSUNTO

Primeiramente, faz-se necessário contextualizar esses textos. Romanos 14 e 1 Coríntios 8 referem-se ao dever de não se fazer julgamentos quanto às coisas puras e/ou impuras, por se tratar de uma questão de consciência não essencial. Elas podem ser capazes de fazer o outro tropeçar. Assim, o melhor é que não tornemos nossas atitudes escandalosas aos demais, mas sim agir a favor da paz e da edificação mútua. Em síntese, esses Romanos 14 e 1 Coríntios 8 advertem que nossas atitudes são capazes de prejudicar a fé de outras pessoas.

Para melhor compreensão, veja o comentário de C. Marvin Pate em seu livro *Romanos* (Ed. Vida Nova, 2015): "O que realmente importa diante de Deus não é o que se como ou o que se bebe, mas o Reino de Deus. Anteriormente vimos Paulo utilizar a tradição a respeito de Jesus para tratar da chegada do Reino de Deus. O Reino de Deus é o governo de Deus no coração de Seu povo. Ele é o rei, e o povo, Seus súditos. Portanto, o Reino de Deus implica servir a Ele e aos outros — nesse caso, servir ao fraco na fé por meio da imposição de limites à própria liberdade. É isso que agrada a Deus e aos outros. Paulo utiliza três substantivos para caracterizar as bênçãos do Reino de Deus, todas procedentes do Espírito Santo. A justiça se refere à justiça de Deus imputada ao pecador por meio da fé em Cristo, a qual produz paz com Deus e alegria escatológica. O Espírito é quem une o crente a Cristo e a sua justiça. Portanto, justiça, paz e alegria no Espírito são bênçãos da nova aliança".

João narra a aparição de Jesus aos Seus discípulos após Sua ressurreição (JOÃO 20:19-23). Antes de seguirmos às questões, destaco o que há em comum entre os textos vistos:

- **Justiça** — Jesus cumpriu Sua missão e nos justificou. Já não há mais condenação sobre nós e temos livre acesso ao Pai. Fomos justificados por Cristo.

- **Paz** — Jesus, mesmo sabendo de nossos medos e culpas, não mais nos condena. Pelo contrário, oferece-nos paz.

- **Alegria** — Contemplar Jesus e estar com Ele significa ter alegria. Em toda Bíblia, vemos palavras de encorajamento e júbilo, não de tristeza. Jesus significa alegria, mesmo em meio às tribulações, pois Ele é a nossa esperança em cada uma delas.

- **Espírito Santo** — se não fosse o Espírito Santo em nós, não poderíamos permanecer na alegre presença de Jesus. É o Espírito Santo quem testifica em nós o poder de Deus e o efeito da ressurreição de Jesus, e também da nossa, no futuro. (Salvação é uma ação da Trindade.)

- **Responsabilidade** — Somos, também, responsáveis diante das demais pessoas.

QUESTÕES PARA DEBATE

1. O que significa a justiça em Jesus?
2. De que maneira você tem usufruído da paz oferecida por Jesus?
3. Temos sido instrumentos de justiça, paz e alegria? Se não, o que tem nos impedido?

ORAÇÃO

Pai de amor, agradecemos por tanto amor revelado nas Tuas ações que acabamos de ler. Constrangedor é perceber o quão ingratos somos pela vida justificada, alegre e cheia de paz com a qual nos presenteia.
Tudo o que queremos é suplicar o Teu perdão por tamanha ingratidão, e também, pedir-te que nos ensines a viver de tal forma que nos conscientizemos da justiça, da alegria e da paz que tu nos concedes em Jesus. Ajuda-nos a lembrar constantemente que o Espírito Santo é nosso consolador, Aquele que habita em nós, e por já sermos justificados por ti, Ele nos enche de alegria e paz. Deus, é tudo tão simples quando lemos Tua Palavra. Somente ensina-nos a descomplicar o que nós mesmos complicamos. Pai, desejamos fazer o Teu Reino conhecido a todos. Usa-nos, portanto, como instrumentos da Tua justiça, alegria, paz e amor.

BRUNA WILLEMANN
Direito UFPR — Direito com Deus

ANOTAÇÕES

SEMANA 27

REINO DE DEUS

O objetivo deste texto é analisar e refletir sobre o Reino de Deus baseado em toda a história narrada na Bíblia até a vinda de Jesus.

FALANDO SOBRE O ASSUNTO

A razão de estudar o Reino de Deus à luz de toda a narrativa bíblica é perceber que o Senhor fez uma aliança com Seu povo (GÊNESIS 17:2). Essa aliança continha uma promessa (ÊXODO 19:4-5); além de um motivo (ISAÍAS 43:21). Com isso, sabemos que Deus sempre se revelou à humanidade com o propósito de ter um relacionamento com as pessoas, uma aliança.

Interessante ainda notar que Deus sempre agiu de maneira sobrenatural ao longo da história. Como o exemplo de Sara e Rebeca, duas mulheres estéreis que foram abençoadas por Deus e geraram dois homens relevantes à história. Notável também foi maneira inusitada pela qual Moisés se tornou o libertador do povo escolhido de Deus, e mais, a maneira usada pelo Senhor a fim de guiá-los à Terra Prometida: uma coluna de fogo durante a noite e uma nuvem durante o dia.

Percorrer todo esse caminho na história leva-nos a compreensão do relacionamento de Deus com o Seu povo escolhido. Relacionamento em forma de aliança que também envolve um compromisso por parte do povo e uma promessa por parte do Senhor: o povo deveria obedecer aos mandamentos do Senhor e ouvir Sua voz para se tornarem sacerdotes de um Reino

ONDE ENCONTRAR NA BÍBLIA?

MATEUS 4:17

A partir de então, Jesus começou a anunciar sua mensagem: "Arrependam-se, pois o reino dos céus está próximo".

LUCAS 17:20-21

Certo dia, os fariseus perguntaram a Jesus: "Quando virá o reino de Deus?". Jesus respondeu: "O reino de Deus não é detectado por sinais visíveis. Não se poderá dizer: 'Está aqui!' ou 'Está ali!'", pois o reino de Deus já está entre vocês.

santo. O objetivo de Deus com essa aliança era cumprir o propósito para o qual foram chamados: proclamar a glória do Pai aos demais povos (JEREMIAS 33:9; ISAÍAS 43:21).

Portanto, devemos refletir sobre Jesus enquanto Mediador de uma nova aliança entre Deus e as pessoas de todas as nações da Terra.

QUESTÕES PARA DEBATE

1. Você consegue compreender Jesus como o renovo da promessa de Deus descrito em Jeremias 33:14-18?
2. Qual a relação entre a aliança de Deus com Israel no Antigo Testamento e a nova aliança revelada em Jesus no Novo Testamento?
3. Como você se vê e sente sabendo que Jesus é uma promessa que está, agora, sendo cumprida em você?

ORAÇÃO

Deus, tu és majestoso e esplendoroso, cheio de glória e excelência. Não posso compreender todos os Teus desígnios e caminhos, mas estou me esforçando para compreender aquilo que está ao meu alcance para, então, cumprir a Tua vontade. Ajuda-me nesse processo. Tudo o que quero fazer agora é te agradecer por tanta bondade em te revelares a mim e aos meus irmãos, além de nos escolher como participantes do Teu Reino. Agradeço-te também por Jesus, que é renovo, alegria e paz. Obrigada por me agraciar com a justificação e permitir minha santificação, Senhor. Obrigada por me escolheres como sacerdote do Teu Reino de justiça. Usa-me como instrumento de propagação do Teu evangelho de amor e graça as demais nações e povos.

BRUNA WILLEMANN
Direito UFPR — Direito com Deus

SEMANA 28

JESUS É A LUZ DA VIDA

A cada dia que se renova deparamo-nos com a vida. Já nos primeiros minutos da manhã é possível observar muito da comunicação de Deus conosco. Deus é o Criador do Universo e, embora sejam muitos os motivos que nos levaram à criação, refletiremos agora apenas sobre como Deus revela-se a nós sem a necessidade de fazermos algo para que isso aconteça.

Dessa forma, este texto foi elaborado para inspirar nossa mente a se voltar às graciosas maneiras usadas por Deus para revelar a si mesmo a nós. Considerando Deus como alguém infinito e multiforme, iremos nos ater a dois dos atributos de Jesus: vida e luz.

ONDE ENCONTRAR NA BÍBLIA?

JOÃO 1:4-5,9

Aquele que é a Palavra possuía a vida, e sua vida trouxe luz a todos. A luz brilha na escuridão, e a escuridão nunca conseguiu apagá-la. [...] Aquele que é a verdadeira luz, que ilumina a todos, estava chegando ao mundo.

LUCAS 1:78-79

Graças à terna misericórdia de nosso Deus, a luz da manhã, vinda do céu, está prestes a raiar sobre nós, para iluminar aqueles que estão na escuridão e na sombra da morte e nos guiar ao caminho da paz.

FALANDO SOBRE O ASSUNTO

Dos versículos lidos, pode-se extrair três detalhes para nossa abordagem inicial: o primeiro é sobre Jesus ser a única luz capaz de nos tirar das trevas; o segundo é a existência de uma relação entre a luz e a vida; o terceiro é uma outra percepção que nos permite compreender a graça, uma vez que Jesus, sendo a própria luz, brilha como Sol, e como consequência nos ilumina e nos traz à vida.

A luz do caminho da vida

Em outras palavras, Jesus é a luz que nos ilumina o caminho para a vida eterna; é dele que vem a salvação; é Ele quem nos possibilita a vida e vida plena (JOÃO 10:10). João nos afirma que Jesus veio para nos trazer vida, Isaías nos adverte a resplandecer essa luz e Paulo nos exorta a fazê-lo (EFÉSIOS 5:8-14).

Somos filhos da luz

Em síntese, somos filhos da Luz e Deus é o nosso Pai. É Ele quem brilha em nossa direção e aquece nosso coração. Foi Ele quem decidiu se revelar a nós.

Ele nos amou primeiro e decidiu nos dar a vida, e vida plena. Como consequência, sabemos que o Senhor é o responsável por nós enquanto criaturas e não o contrário. Tudo o que fazemos é com o amor de filhos que tentam retribuir a Seu pai por todo o zelo e cuidado demonstrados, mas definitivamente Ele é o Pai que nos guia e nos ilumina o caminho. Então, cabe a nós tão somente permanecer na direção por Ele indicada, conscientes de que "são mais desejáveis que o ouro, [...] e mais doces que o mel". Foi exatamente isso que Davi declarou (SALMO 19).

QUESTÕES PARA DEBATE

1. De que forma você percebe que, desde a criação, é Deus quem primeiro revela-se a nós?

2. Qual o seu entendimento sobre o fato de que Jesus veio para nos dar vida plena?

3. Você tem experienciado o evangelho leve e cheio de esperança quando vê Jesus como única fonte de luz e vida? Se não, o que tem o impedido?

ORAÇÃO

Deus, com todo o Teu amor, permita-nos compreender efetivamente que Jesus nos trouxe vida e vida plena. Orienta-nos ainda à maneira pela qual devemos viver de forma abundante aqui na Terra. Lembra-nos, com Tua misericórdia, de contemplar a Tua glória e majestade a cada amanhecer. Que ao olharmos para o Sol, lembremo-nos da graça de Jesus, e quando forem as nuvens o destaque no céu, que reflitamos sobre o Sol esplendoroso a brilhar por detrás delas, ou ainda, quando for a tempestade a nos acordar, que Tua presença se faça perceptível acalmando o nosso ser. Deus, tu és simplesmente um artista que nos surpreende a cada instante. Agradecemos-te por essa novidade de vida constante.

BRUNA WILLEMANN
Direito UFPR — Grupo Direito com Deus

ANOTAÇÕES

SEMANA 29

DECIDA SARAR!

ONDE ENCONTRAR NA BÍBLIA?

LUCAS 5:24

"...eu lhes mostrarei que o Filho do Homem tem autoridade na terra para perdoar pecados". Então disse ao paralítico: "Levante-se, pegue sua maca e vá para casa".

JOÃO 21:15-16

Depois da refeição, Jesus perguntou a Simão Pedro: "Simão, filho de João, você me ama mais do que estes?". "Sim, Senhor", respondeu Pedro. "O senhor sabe que eu o amo". "Então alimente meus cordeiros", disse Jesus. Jesus repetiu a pergunta: "Simão, filho de João, você me ama?". "Sim, Senhor", disse Pedro. "O senhor sabe que eu o amo". "Então cuide de minhas ovelhas", disse Jesus.

Muitas pessoas ao nosso redor estão machucadas, sofrendo com feridas que doem. O mundo hoje machuca mais do que cura. Há mais pessoas doentes do que sãs.

Somos chamados por Deus para fazer a diferença neste mundo, e uma forma eficaz de cumprir a vontade do Senhor é levando a cura às pessoas.

Vamos ver hoje, a partir de um episódio na vida de Pedro, como podemos fazer isso.

FALANDO SOBRE O ASSUNTO

Quem não quer ser curado? Acredito que todo mundo, mas tomar a decisão de mudar algo em nossa vida requer algumas etapas e processos. Podemos olhar a história de Pedro como exemplo.

Pedro foi um dos discípulos de Jesus. Era um hábil pescador. Porém o Senhor o chamou para o ministério, então o seu alvo, que antes era o de pescar peixes, converteu-se em pescador de pessoas. Tudo ia muito bem, até Jesus ser preso e crucificado. A partir da morte do Senhor, a vida de Pedro pareceu ter perdido o sentido. Então, como o exemplo dele pode ainda nos ajudar a curar pessoas?

↳ Não volte aos velhos hábitos

"Simão Pedro disse: 'Vou pescar'" (JOÃO 21:3).

Quando Jesus transforma a nossa vida, devemos entender que Ele tem o melhor para nós e se tentarmos fazer algo sem a direção dele, a tendência é que não dê certo.

Pedro voltou a pescar peixes depois que Jesus morreu e ressuscitou, ele voltou aos seus velhos hábitos. Esse discípulo e mais alguns outros "entraram no barco e foram", porém, como o Senhor os havia chamado para uma nova vida, eles "não pegaram coisa alguma a noite toda" (JOÃO 21:3).

Reconheça Jesus

"Ao amanhecer, Jesus estava na praia, mas os discípulos não o reconheceram. Ele perguntou: 'Filhos, por acaso vocês têm peixe para comer?'. 'Não', responderam eles. Então ele disse: 'Lancem a rede para o lado direito do barco e pegarão'. Fizeram assim e não conseguiam recolher a rede, de tão cheia de peixes que estava" (JOÃO 21:4-6).

Jesus pode mudar nossa história quando entendemos que Ele tem o poder de nos trazer aquilo que necessitamos (alegria, por exemplo), e nos suprir sempre. Quando andamos fielmente com Ele e o amamos de fato, nossos olhos se abrem: "O discípulo a quem Jesus amava disse a Pedro: 'É o Senhor!'" (v.7).

Cuide dos cordeiros de Deus

Uma forma eficaz de se curar é buscando ajudar os outros. Mas como? Se estou "enfermo", como posso ajudar alguém? Jesus usou ações simples para curar muitas de minhas feridas: o abraço de um amigo, o sorriso de minha mãe dentre outras coisas.

Você pode estar fraco e debilitado, mas não pare de lutar. Jesus deseja curar suas feridas. Se você crer nisso, faça a oração ao final deste texto.

QUESTÕES PARA DEBATE

1. Como saber quem precisa ser curado?
2. Quais atitudes podem machucar alguém?
3. Que tipo de ações podem trazer cura às pessoas?

ORAÇÃO

Senhor, quero ser curado para contribuir com a cura dessa geração. Leva-me para mais perto de ti e ensina-me a andar em Teus caminhos. Peço perdão pelas minhas falhas e erros, e a ti entrego todo o meu ser. Em nome de Jesus. Amém!

ROBIN WILLIAM
Administração Uniandrade — 3DU/Unicelula

ANOTAÇÕES

SEMANA 30

ONDE ESTÁ DEUS NA MINHA FACULDADE?

Muitas vezes na correria de nossas aulas, entregas de trabalhos, semana de provas, entre outras coisas que a vida universitária nos proporciona, deixamos oportunidades diárias passar, como conversar com alguém, abençoar alguém, ou às vezes, até mesmo, ajudar alguém em algo relacionado a faculdade.

E nós como cristãos precisamos estar atentos para onde está Deus na nossa sala de aula, na nossa faculdade, no nosso estágio, em todos os lugares, pois Deus tem que estar em todos os lugares. Lembre-se que Ele pode te dar oportunidades específicas para semear em outras vidas.

ONDE ENCONTRAR NA BÍBLIA?

1 REIS 19:11-13

"Saia e ponha-se diante de mim no monte", disse o SENHOR. E, enquanto Elias estava ali, o SENHOR passou, e um forte vendaval atingiu o monte. Era tão intenso que as pedras se soltavam do monte diante do SENHOR, mas o SENHOR não estava no vento. Depois do vento houve um terremoto, mas o SENHOR não estava no terremoto. Depois do terremoto houve fogo, mas o SENHOR não estava no fogo. E, depois do fogo, veio um suave sussurro. Quando Elias o ouviu, cobriu o rosto com a capa, saiu e ficou na entrada da caverna. E uma voz disse: "O que você faz aqui, Elias?".

FALANDO SOBRE O ASSUNTO

- **Deus não está na discussão exacerbada**

    Muitas vezes quando estamos em sala de aula, é comum começar uma conversa sobre um determinado assunto em que há divergência de ponto de vista entre os participantes. Existe uma grande probabilidade de uma conversa ou debate se tornar em discussão. Nós, como cristãos, não podemos fortalecer esse tipo de situação, pois Deus nos dá algumas direções sobre como devemos falar e agir: "Falar sem antes ouvir os fatos é vergonhoso e insensato" (PROVÉRBIOS 18:13); "A resposta gentil desvia o furor, mas a palavra ríspida desperta a ira"

(PROVÉRBIOS 15:1); "Quem se ira facilmente provoca brigas, mas quem tem paciência acalma a discussão" (PROVÉRBIOS 15:18).

Então, precisamos ser os pacificadores e não aqueles que também "alimentam" a discussão de algo que não é a vontade de Deus.

Deus está nas pequenas oportunidades

Quando menos esperamos, Deus manda uma brisa suave: pessoas que estão precisando ouvir dele e ser amadas. Tais oportunidades podem ocorrer dentro da sala de aula, durante o intervalo, no caminho de uma sala para outra, ou até mesmo na cantina ou R.U. Entretanto, para aproveitar esses momentos, precisamos ser sensíveis àquilo que Deus deseja fazer.

Precisamos estar sempre atentos sobre qual é a necessidade do outro, a fim de aproveitar as oportunidades para evangelizar e anunciar as boas-novas. Cristo deseja ter um encontro com as pessoas, Ele deseja resgatar as ovelhas perdidas. As pessoas estão sedentas por algo que somente Jesus pode suprir e oferecer; e nós passamos por elas diariamente. Deus está em pequenas coisas!

"Ouve as súplicas de teu servo e de Israel, teu povo, quando orarmos voltados para este lugar. Sim, ouve-nos dos céus onde habitas e, quando ouvires, perdoa-nos" (1 REIS 8:30).

QUESTÕES PARA DEBATE

1. Quais oportunidades Deus tem lhe dado para acalmar situações?
2. Como oferecer uma resposta branda?
3. Quais oportunidades o Senhor tem promovido para que você o apresente a pessoas que ainda precisam conhecê-lo?

ORAÇÃO

Deus, muito obrigado por todos esses privilégios que o Senhor tem nos dado. Entendemos que se o Senhor nos colocou onde estamos, é para fazermos a Tua vontade, o Teu querer. Por isso, pedimos ao Senhor que nos ajude a acalmar as discussões e não fazer parte delas. Também queremos nos dispor a parar e ouvir as necessidades das pessoas com as quais nos deparamos todos os dias. Pai, que não percamos nenhuma oportunidade de falar do Teu amor a elas, em nome de Jesus. Amém!

DIEGO LOPES
Bacharelado em Educação Física — 3DU UniBrasil

ANOTAÇÕES

SEMANA 31

QUEM É JESUS?

ONDE ENCONTRAR NA BÍBLIA?

JOÃO 1:12
Mas, a todos que creram nele e o aceitaram, ele deu o direito de se tornarem filhos de Deus.

JOÃO 5:19
Jesus respondeu: "Eu lhes digo a verdade: o Filho não pode fazer coisa alguma por sua própria conta. Ele faz apenas o que vê o Pai fazer. Aquilo que o Pai faz, o Filho também faz".

Não há nada melhor do que poder olhar para uma pessoa com admiração e tomá-la como exemplo. Na vida de muitos, os pais podem ser um grande exemplo. Mesmo errando, eles desejam que aprendamos a fazer o que é correto.

Pare e pense sobre isto: se tivéssemos um modelo perfeito, que nunca errava, para chamar de Pai, irmão e amigo? Que honra seria ser parte de Sua família e conviver todos os dias com essa pessoa, não é mesmo?

Por que, então, mesmo diante de um grande exemplo, como o que temos, ainda preferimos desprezar os Seus conselhos e dar ouvidos às mentiras de alguém que apenas visa o mal? Há um Filho perfeito que quer não apenas nos ensinar "boas maneiras", mas que deseja nos tornar irmãos e filhos do Pai perfeito (ROMANOS 8:1-39).

FALANDO SOBRE O ASSUNTO

Durante os séculos, Jesus foi aguardado como mestre, juiz, rei, profeta, mas pouco (ou quase nada) se sabia sobre Ele enquanto o próprio filho de Deus. A imagem que o povo construiu a respeito do Messias prometido era bem diferente daquela na qual Ele realmente se apresentou. Por isso o negaram (JOÃO 1:11). Contudo, essa era a forma planejada por Deus. Jesus cumpriu o propósito do Pai ao vir de maneira humilde, como homem simples — sem trajes reais, palácio ou súditos — para que a glória do Pai fosse manifestada através do Seu Filho. Jesus sabia quem era e para que veio a Terra, por isso, não importava o que os outros dissessem, nada o abalava ou o desviava de Seu propósito.

Jesus é o Filho amado e perfeito que nada faz sem o Pai ou fora da vontade dele. Ele irradia a glória do Pai expressando exatamente o que Deus é em Sua essência (poder, autoridade, amor, bondade etc.). Ao subir aos Céus, o Senhor Jesus nos deu a gratificante oportunidade, não apenas de o ter como modelo, mas de fazermos parte de Sua família. Jesus morreu para que os filhos dos homens pudessem se tornar filhos de Deus! E como filhos imitamos o Pai.

Fomos criados à imagem e semelhança de Deus Pai, Deus Filho e Deus Espírito Santo, a Sua essência e caráter nos compunha. Mas quando o pecado entrou no mundo, nossa natureza foi distorcida e a primeira coisa afetada foi a visão de nós mesmos: nossa identidade. O que consequentemente alterou nosso relacionamento com o Pai. Gênesis 3 traz a narrativa da queda. Após Adão e Eva comerem do fruto proibido, eles "perceberam que estavam nus" e quando ouviram o Senhor chamá-los, ficaram com medo e se esconderam "dele entre as árvores". E quando Adão tenta se justificar, Deus pergunta: "Quem lhe disse que você estava nu?" [...]. "Você comeu do fruto da árvore que eu lhe ordenei que não comesse?" (GÊNESIS 3:7-11). Até então, não havia problema algum eles estarem nus. A grande questão é que o pecado deturpa a nossa mente e nos leva a olhar para as coisas boas, criadas por Deus, de forma equivocada, inclusive a nós mesmos. Fomos criados por um Pai criativo e amoroso, com um propósito bem definido que jamais será cumprido sem a ajuda dele. Não merecemos nada de Deus, pois somos pecadores. Mas é justamente por isso que tanto carecemos da Sua misericórdia e favor (ROMANOS 3:23).

Quatro mentiras que nos afetam quando estamos longe de Deus:

1. *Orfandade*. Muitos de nós já sentimos aquela sensação de abandono, desamparo em meio às dificuldades. É comum, quando estamos fracos em nossa fé, pensarmos que estamos sozinhos, sem ninguém para nos ajudar. Isso foi sentido também pelos discípulos. Quando Jesus foi crucificado, eles ainda não entendiam o significado destas palavras do Mestre: "Mais um pouco e vocês não me verão mais; algum tempo depois, me verão novamente" (JOÃO 16:17). Como pôde um amigo e mestre ser retirado deles assim? Mas anteriormente Jesus lhes havia garantido: "Não os deixarei órfãos; voltarei para vocês" (JOÃO 14:18). Estas palavras do Senhor foram poderosas pois Ele sabia que Seus seguidores pensariam que, depois de Sua morte, ficariam sozinhos no mundo. O diabo sempre tenta nos convencer para não confiarmos nestas palavras: "Mas, a todos que creram nele e o aceitaram, ele deu o direito de se tornarem filhos de Deus" (JOÃO 1:12). O Pai jamais abandona Seus filhos. A orfandade de coração é muito mais profunda do que imaginamos. Há muitos filhos que não possuem a plena revelação de sua filiação em Cristo. Mesmo já o tendo aceitado como Senhor e Salvador, precisamos aceitá-lo como Pai (ROMANOS 8:14-17).

2. *Merecimento*. A segunda mentira mais comum que acreditamos é de que precisamos fazer algo para merecer o amor, a aprovação, a salvação ou a atenção de Deus. Não há nada que possamos fazer para Deus nos amar mais, nem nada que o faça nos amar menos (ROMANOS 8:35). Não é sobre quantos jejuns fazemos na semana, ou quantas vezes que oramos por dia, e sim o quanto de Cristo tem sido formado e revelado em nós. O relacionamento com Ele é fruto de um coração grato e não de uma barganha, religiosidade ou obras realizadas. A graça nos salvou e não há nada que possamos fazer para aperfeiçoar aquilo que nos foi concedido pela graça (EFÉSIOS 2:8-10). Nossa parte consiste em nos esforçarmos para nos tornar em tudo semelhante a Ele.

3. *Independência*. Você com certeza já deve ter ouvido a frase: "Deixe cada um com sua vida, pois ele(a) sabe o que está fazendo", ou "Eu não preciso de ninguém me dizendo o que fazer". Tais afirmações são um grande risco e em nada verdadeiras. Criamos a ideia de que somos autossuficientes e não precisamos prestar contas a ninguém. Contudo nos esquecemos de que somos seres limitados tanto em recursos como em sabedoria. Não há nada melhor do que dependermos do Deus Onisciente e Onipotente! Precisamos lutar contra nossa teimosia. Pois, se o próprio Jesus disse que não podia fazer nada por vontade própria, muito menos nós com nossa natureza humana!

4. *Falta de propósito*. Por causa de nossa identidade corrompida, muitos não conseguem enxergar o seu propósito de vida. Fomos chamados, segundo a perfeita vontade de Deus, para realizar coisas maravilhosas exatamente onde estamos. Nada é por acaso. E quanto mais o conhecemos, mas entendemos o que Ele quer fazer em nós e através de nós (ROMANOS 8:28-30).

QUESTÕES PARA DEBATE

1. Você ainda sente dificuldade para entender sua identidade como filho de Deus? Por quê?
2. Alguma das quatro mentiras ainda é real para você? Qual delas? Justifique.
3. Você tem buscado o Senhor constantemente para se fortalecer nele? De que forma?

ORAÇÃO

*Pai, ajuda-nos a encontrar nossa verdadeira identidade em ti.
Nós te amamos e queremos ser em tudo parecidos contigo.
Em nome de Jesus. Amém!*

BRUNNA MARQUES
Geografia — Jesus na UFPR

ANOTAÇÕES

SEMANA 32

ARREPENDIMENTO

ONDE ENCONTRAR NA BÍBLIA?

1 JOÃO 1:9
Mas, se confessamos nossos pecados, ele é fiel e justo para perdoar nossos pecados e nos purificar de toda injustiça.

2 CRÔNICAS 7:14
Então, se meu povo, que se chama pelo meu nome, humilhar-se e orar, buscar minha presença e afastar-se de seus maus caminhos, eu os ouvirei dos céus, perdoarei seus pecados e restaurarei sua terra.

MATEUS 3:8
Provem por suas ações que vocês se arrependeram.

Quando convidados a andar com Deus somos convencidos pelo o Espírito Santo a nos arrependermos, o arrependimento nos leva a confiar no Senhor. Isso nos possibilita a confissão de pecados e a aceitação de que estamos errados.

A característica do Antigo Testamento de expressar o arrependimento do ser humano para com Deus e dizer que houve um retorno a Ele é: o ser humano saiu do pecado e voltou-se para Deus.

Já no Novo Testamento, o arrependimento é enriquecido em seu significado: é a mudança de mente; consiste na radical transformação de pensamento, atitude e direção.

FALANDO SOBRE O ASSUNTO

Conforme vamos avançando no relacionamento com Deus, vamos também avançando em responsabilidade e comprometimento com o Reino do Senhor. Sem medo de abandonarmos o pecado, seguimos em frente com Cristo e vivemos em obediência espontânea e verdadeira.

Precisamos compreender a pureza que é alcançada por meio de viver verdadeiramente com Deus e para Ele. Na prática da verdade, vencemos o pecado por meio de Cristo Jesus, abrindo o coração para ações relacionais com o sincero desejo de estar com Ele por inteiro.

Diante de práticas erradas em nosso cotidiano, deparamo-nos com estas duas realidades: ou somos levados ao arrependimento ou nos afastamos cada vez mais do Senhor. Todos os dias somos convidados a dizer não a condutas que nos afastam do propósito de Deus para nossa vida, pois quando pecamos, perdemos a vontade de estar com o Senhor.

Não fuja da responsabilidade sobre o pecado, pois a decisão final sempre será sua!

Quando Adão pecou no Jardim, ele cobriu-se com folhas. Deus vendo a efemeridade disso, sacrificou um animal, pegou a pele e vestiu Adão com algo duradouro, para que ele entendesse que a obediência, dali em diante, dependeria de sacrifício.

Obediência requer sacrifício, então não há como obedecer ao Senhor sem sacrificar sua vontade carnal. "Portanto, irmãos, suplico-lhes que entreguem seu corpo a Deus, por causa de tudo que ele fez por vocês. Que seja um sacrifício vivo e santo, do tipo que Deus considera agradável. Essa é a verdadeira forma de adorá-lo" (ROMANOS 12:1).

QUESTÕES PARA DEBATE

1. Qual a sua maior dificuldade em obedecer a Deus?
2. Explique o que é viver seguindo os passos de Jesus.
3. Como está a sua comunhão com o Corpo de Cristo, Sua Igreja, na Terra?

ORAÇÃO

Deus, ajuda-me a vencer meus pecados e livra-me de todo o mal.
Eu aceito que estou errado, e por isso, arrependo-me dos meus pecados.
Limpa-me e torna-me uma nova pessoa, segundo o Teu querer.
Em nome de Jesus, amém!

DANIEL CORASOLLA
Agronomia — Universidade Tuiuti do Paraná

SEMANA 33

CONFIANÇA EM DEUS

ONDE ENCONTRAR NA BÍBLIA?

PROVÉRBIOS 16:3
Confie ao SENHOR tudo que você faz, e seus planos serão bem-sucedidos.

JEREMIAS 29:11
"Porque eu sei os planos que tenho para vocês", diz o SENHOR. "São planos de bem, e não de mal, para lhes dar o futuro pelo qual anseiam".

SALMO 125:1
Os que confiam no SENHOR são como o monte Sião; não serão abalados, mas permanecerão para sempre.

O ser humano, naturalmente falando, tem uma dificuldade muito grande para confiar em Deus. Uma das causas disso é o fato de sempre querermos ser "independentes". Agimos como se não tivéssemos necessidade da ajuda ou do apoio de ninguém.

A verdade é que fomos criados para viver em comunhão com Deus e com as pessoas à nossa volta. A confiança é fundamental para que essa comunhão seja saudável, segundo a vontade de Deus

FALANDO SOBRE O ASSUNTO

Confiar em Jesus quando as coisas vão bem é fácil, mas confiar nele quando nada está bem é mais complicado. O Senhor nos convida a confiar nele em todos os momentos. Precisamos confiar quando estamos cansados, desanimados, quando nossa família nos abandona, no término de um relacionamento ou quando não atingimos a nota que desejamos na faculdade. Em todos esses momentos difíceis só nos resta confiar e permanecer em Cristo (JOÃO 6:68). Mesmo que o seu mundo pareça estar desmoronando, confie que Deus está cuidando de você.

Quando Jesus chamou aqueles que seriam Seus discípulos, simplesmente disse: "Segue-me!", e não forneceu maiores informações sobre a caminhada. Os homens que receberam tal chamado, confiaram nele e seguiram-no. Pedro confiou em Jesus quando jogou as redes ao mar, depois de ter passado uma noite inteira pescando sem ter pegado nada (LUCAS 5:1-11; 6:12-16). Mateus, ao ouvir o chamado do Mestre, largou tudo e seguiu-o (MATEUS 9:9). Sadraque, Mesaque e Abede-Nego confiaram em Deus quando decidiram não adorar a estátua de Nabucodonosor, mesmo sabendo que isso poderia lhes custar a vida (DANIEL 3). Contra todas as possibilidades de vitória, Neemias confiou no Senhor quando decidiu ser o intercessor do povo de Deus, reconstruindo os muros de Jerusalém (NEEMIAS 1–3). Ester confiou no propósito que Deus tinha para ela quando arriscou a sua vida em favor do povo de Deus (ESTER 4:16).

Todos esses exemplos de confiança mostram que Deus está no controle de tudo. Quando decidimos confiar nele, o caminho para o propósito que estamos cumprindo aqui na Terra fica leve. Escolha ter um relacionamento de confiança com Jesus, Ele está ao seu lado todos os dias e ama conversar com você. Confie ao Senhor o seu coração, entregue as suas alegrias, tristezas e frustrações a Ele.

Quando tudo estiver bem, confie. E quando não estiver, continue confiando.

QUESTÕES PARA DEBATE

1. Em quais áreas da sua vida você não tem confiado em Deus?
2. O seu relacionamento com Deus é baseado em confiança? Justifique.
3. Como incentivar os irmãos na fé a confiarem no Senhor por meio da sua vida?

ORAÇÃO

Pai, tu me conheces melhor do que ninguém. Sabes das minhas fraquezas, frustrações e alegrias. Por isso, ensina-me a confiar em ti de todo coração. Mostra-me em quais áreas da minha vida eu não tenho confiado no Senhor e ajuda-me a entregar tudo isso aos Teus pés. Obrigada por me amares e por teres me dado a Tua maravilhosa graça, para que hoje eu pudesse experimentar a Tua boa, agradável e perfeita vontade.
Em nome de Jesus. Amém!

KATHLEEN RIBAS
Jornalismo UFPR — Floresta Church

ANOTAÇÕES

SEMANA 34

ONDE ESTÁS? EM TEU SILÊNCIO?

"Onde tu estás, Senhor? Por que está tão silencioso?" Ah, quantas vezes essas perguntas já não brotaram em nosso coração? Pense: Quais motivos o Senhor teria para se calar? Não seria mais simples se Ele nos respondesse sempre? Deus muitas vezes se cala diante das nossas questões, embora eu não creia que existam orações sem respostas. Como assim?

O silêncio de Deus pode "falar" muitas coisas diferentes. O Senhor se relaciona conosco de forma personalizada, Ele lida com cada um de forma especial. Algumas posturas espirituais que temos assumidos diante de Deus podem definir o que o atual silêncio de Deus está tentando nos dizer.

Quais posturas temos assumido? Posturas como obstinação, incredulidade, orgulho ou até mesmo de piedade verdadeira, podem fazer Deus falar conosco de formas silenciosas.

ONDE ENCONTRAR NA BÍBLIA?

PROVÉRBIOS 1:20

A Sabedoria grita nas ruas e levanta a voz na praça pública.

PROVÉRBIOS 15:29

O SENHOR está longe dos perversos, mas ouve as orações dos justos.

HEBREUS 11:6

Sem fé é impossível agradar a Deus. Quem deseja se aproximar de Deus deve crer que ele existe e que recompensa aqueles que o buscam.

FALANDO SOBRE O ASSUNTO

De todos os argumentos contra a existência de Deus, o silêncio do Senhor é o que considero mais forte. Por que é que um Deus pessoal, amoroso e poderoso se manteria em tamanho silêncio? Bem que gostaríamos que Ele fosse mais "hollywoodiano".

A verdade é que Deus nunca realmente se cala. Ele está sempre falando (PROVÉRBIOS 1:20). Ele proclama publicamente e em alta voz que é a Sabedoria. Mas se isso é verdade, por que não percebo isso em minha vida? Queremos, arrogantemente, que Deus fale do nosso jeito, mas isso não vai acontecer.

Ao longo dos evangelhos, Jesus colocava, frequentemente, no final de Suas parábolas a frase: "Quem é capaz de ouvir, ouça com atenção!" (MATEUS 13:9,43; LUCAS 14:35). Chamando a atenção para a importância das coisas que Ele estava dizendo. O Senhor deseja ser ouvido. Ele deseja ser ouvido por você. De que maneiras, então, o aparente silêncio de Deus fala? Depende.

O silêncio de Deus pode ter alguns significados. Diante da obstinação, Deus diz: arrependa-se; da incredulidade: creia; do orgulho: humilhe-se; da ansiedade: espere.

1. *Arrependa-se*. A rebeldia e a obstinação cegam, ensurdecem e nos afastam de Deus. Como ouvir a voz de quem está longe? (PROVÉRBIOS 15:29). A voz de quem está perto não é mais forte? Abandone os seus pecados e se aproxime de Deus, e então Ele o recompensará (HEBREUS 11:6).

2. *Creia*. Você se acha constantemente desprezado por Deus? Gostaria que o Senhor falasse que o ama todo dia? Mas Deus quer que a Palavra dele baste para você. Ele já declarou e demonstrou que o ama tremendamente, então creia nele (ROMANOS 8:31-33).

3. *Humilhe-se*. Às vezes Deus se cala, pois nos tornamos inflados, orgulhosos. Deus não descerá ao nível do orgulhoso (TIAGO 4:6). Arrependa-se, humilhe-se e o Senhor o exaltará.

4. *Espere*. Se suas orações são em favor do Reino de Deus, por que elas demoram tanto para serem respondidas? A oração não é uma luta contra Deus, para que Ele se submeta aos nossos desejos, mas é uma luta ao lado de Deus, buscando a vontade dele acima da nossa. Insista, bata à porta e espere (SALMO 27:13-14).

O silêncio de Deus é apenas aparente. Pois esse "silêncio" sempre quer dizer: arrependa-se, creia, humilhe-se, espere. Podemos ter certeza disso, porque o nosso Senhor Jesus nos substituiu verdadeiramente na cruz. As orações de Jesus não foram ouvidas, e Deus silenciou-se para Seu Filho, para que nós jamais precisássemos passar por isso (ISAÍAS 53:5).

QUESTÕES PARA DEBATE

1. Quais atitudes você precisa mudar para ouvir a voz de Deus?
2. Você percebe que Deus tem se mantido silencioso em sua vida?
3. De que formas o sacrifício substitutivo de Cristo afeta sua maneira de ouvir a Deus?

ORAÇÃO

Querido Deus, mostra-nos em que temos errado com relação ao ouvir a Tua voz. Cura os nossos ouvidos espirituais. Que de forma alguma venhamos a menosprezar o perfeito sacrifício do Teu Filho, mas que entendamos que tu nos ouves como ouve a Cristo, e permite-nos ouvir a ti assim como Cristo te ouve. Em nome de Jesus. Amém!

DANIEL CUNHA
Física (Bacharelado) — Jesus na UFPR

ANOTAÇÕES

SEMANA 35

ONDE ESTÁS NA MINHA AFLIÇÃO?

ONDE ENCONTRAR NA BÍBLIA?

MATEUS 11:28

Venham a mim todos vocês que estão cansados e sobrecarregados, e eu lhes darei descanso.

HABACUQUE 1:2-3

Até quando, SENHOR, terei de pedir socorro? Tu, porém, não ouves. Clamo: "Há violência por toda parte!", mas tu não vens salvar. Terei de ver estas maldades para sempre? Por que preciso assistir a tanta opressão? Para qualquer lugar que olho, vejo destruição e violência. Estou cercado de pessoas que discutem e brigam o tempo todo.

AGEU 2:4-5

Mas assim diz o SENHOR: "Seja forte, Zorobabel! Seja forte, sumo sacerdote Josué, filho de Jeozadaque! Sejam fortes, todos vocês que restam na terra! Mãos à obra, pois eu estou com vocês, diz o Senhor dos Exércitos. Meu Espírito habita em seu meio, como prometi quando vocês saíram do Egito. Portanto, não tenham medo".

Quem nunca olhou para o céu, respirou fundo e perguntou: Senhor "onde estás" no meio de todos esses problemas? Muitas vezes fazemos esta pergunta quando tudo parece estar desabando ao nosso redor: "Onde está o Deus que todo mundo diz ser tão bom e misericordioso? Ou Ele não existe, ou não se importa comigo, ou de fato Ele não é tão bom quanto dizem". Tendemos muito a pensar dessa forma, mas será isso mesmo verdade? Será que se Deus existe, Ele é egoísta e só pensa em si mesmo? A Bíblia não afirma isso, então vejamos o que a Palavra do Senhor revela sobre isso.

FALANDO SOBRE O ASSUNTO

1. De acordo com a Bíblia, podemos afirmar algumas coisas a respeito das nossas aflições: passamos por elas, mas podemos encontrar descanso e esperança (JOÃO 16:33). Jesus fala para nos achegarmos a Ele, e então, encontraremos descanso quando estivermos aflitos (MATEUS 11:28).

Quantas vezes clamamos e não achamos resposta, como em Habacuque 1:2-3. A resposta para isso está em Salmo 121:1-2, quando diz que o socorro vem do Senhor, que também é nosso Salvador a quem podemos chamar de Pai. Ele se importa com nossas feridas, quando tropeçamos e caímos. Deus é quem nos levanta e cura todas as dores.

2. Muitas vezes sentimos medo das consequências das aflições ou se algum dia nos livraremos delas, mas a Palavra diz que o verdadeiro amor lança fora todo o medo (1 JOÃO 4:18). Podemos ter paz, porque o Espírito de Deus está conosco (AGEU 2:4-5).

3. Quando estamos com Cristo e tememos a Sua autoridade, reconhecendo a majestade dele sobre a nossa vida, usufruímos da proteção dele mesmo em tempos de escassez (SALMO 33:18-22). Na presença do Senhor aprendemos que toda e qualquer circunstância não anula o contentamento do que Ele já derramou sobre a nossa vida e conseguimos passar por qualquer situação sabendo que Senhor é o refúgio (FILIPENSES 4:11-13).

As Escrituras também nos dizem para estar alegres nas tribulações, humanamente isso pode não fazer sentido algum, mas elas produzem em nós perseverança e dependência de Deus. Elas também nos levam a níveis mais altos de maturidade e integridade a fim de mortificar a nossa carne, e a nos submetermos a direção do Espírito Santo (TIAGO 1:2-4; GÁLATAS 5:16-17,25).

4. Quando entendemos que tudo o que fazemos é para glorificar e exaltar o nome de Deus, além da recompensa por tudo o que fazemos não ser por algo transitório, mas sim eterno, então qualquer situação que passarmos aqui se tornará leve em relação a glória que experimentaremos (2 CORÍNTIOS 4:16-18).

QUESTÕES PARA DEBATE

1. Quando passa por alguma aflição, você clama a Deus ou o questiona? Por quê?
2. Quando passa por provações, você reclama ou agradece a Cristo? Justifique.
3. Você está disposto a passar por situações desagradáveis por Aquele que se entregou por você? De que maneira?

ORAÇÃO

Senhor Deus, obrigado por ter entregado Teu filho Jesus naquela cruz para me salvar. Graças ao Teu grande amor, hoje podemos encontrar refúgio mesmo em meio às aflições e tribulações da vida. Sabemos que em ti encontramos a resposta e a direção para tudo e avançaremos em maturidade para glorificar o Senhor com nossa vida. Muito obrigado! Em nome de Jesus. Amém!

WILLIAM HENRIQUES
Engenharia Mecânica — Jesus na UFPR

ANOTAÇÕES

SEMANA 36

ONDE ESTÁS QUANDO EU CAIO?

A vida cristã tem altos e baixos, montes e vales. Às vezes estamos muito bem com Deus, crescendo espiritualmente, ardendo em paixão por Jesus, e outras vezes nem tanto. Não há nada mais frustrante na caminhada com Deus do que nos depararmos com nossa falência espiritual, nossas falhas e pecados.

Queremos seguir nosso Senhor, porém às vezes o traímos com nossos pecados, erros esporadicamente deliberados.

O que Ele pensa de nós nessas situações? Para onde o Senhor vai quando Ele vê isso acontecendo? A verdade é que temos esperança. Cristo nos mostra em Sua Palavra como lidar com o mal que habita em nós, como enfrentá-lo e a dominá-lo quando nos encontramos sob tal jugo. Em Jesus nossa esperança é renovada e coração purificado.

ONDE ENCONTRAR NA BÍBLIA?

JOÃO 2:1

Três dias depois, houve uma festa de casamento no povoado de Caná da Galileia. A mãe de Jesus estava ali.

ROMANOS 7:19

Quero fazer o bem, mas não o faço. Não quero fazer o que é errado, mas, ainda assim, o faço.

ROMANOS 7:24-25

Como sou miserável! Quem me libertará deste corpo mortal dominado pelo pecado? Graças a Deus, a resposta está em Jesus Cristo, nosso Senhor. Na mente, quero, de fato, obedecer à lei de Deus, mas, por causa de minha natureza humana, sou escravo do pecado.

FALANDO SOBRE O ASSUNTO

Aqueles que creem em Cristo, no Seu amor e perdão, esforçam-se para agradá-lo, mas isso é natural. Quando começamos um relacionamento amoroso com alguém, damos presentes e elogios. Semelhantemente, quando começamos nosso relacionamento com Jesus, queremos fazer coisas para Ele, presenteá-lo.

Nesse processo, um procedimento comum é o de deixar de fazer o que desagrada a Deus, renunciar ao pecado, deixando-o de lado, visto que agora amamos o que Deus ama e odiamos o que Ele odeia. Contudo, às vezes a realidade parece se mostrar diferente disso, pois frequentemente nos vemos recaindo em antigos hábitos. Existe uma luta no interior do nosso coração (ROMANOS 7:19).

A Bíblia revela que existe tal conflito, logo a realidade está um pouco mais clara, mas isso não resolve o problema. O apóstolo Paulo questionou sobre a solução quanto o pecado (ROMANOS 7:24-25). No entanto Cristo já o resolveu, tomando sobre si toda a condenação que pesava sobre nós (ROMANOS 8:1).

A culpa não contribui em nada à santificação, apenas aprisiona mais e gera um ciclo vicioso que causa mal para quem a sente. Jesus, no entanto, já quebrou esse ciclo ao levar sobre si completamente a nossa culpa pregando-a na cruz (COLOSSENSES 2:14).

Paulo nos alerta sobre a queda e nos previne quanto a ela (1 CORÍNTIOS 10:12). E João nos afirma que o Senhor não somente toma a nossa culpa como também nos protege da acusação alheia. Ele é nosso Advogado e os advogados usam de argumentos para defender o réu; em nosso caso, o argumento é a cruz (1 JOÃO 2:1). Onde está o Senhor quando caímos? Intercedendo por nós. Aleluia!

Podemos conhecer muito mais do coração do nosso Deus a partir disso, não é mesmo? O Deus que apesar de levar a sério o pecado e tratá-lo com severidade e seriedade, ao mesmo tempo, compreende-nos e nos estende a Sua mão para nos perdoar completamente. Afinal, se o pecado não fosse sério, não teria nada a ser perdoado.

Finalmente, podemos receber a restauração do Pai após a queda e pedir que Ele nos cure por Sua grande misericórdia, assim como fez Davi após ter caído em adultério e cometer assassinato (SALMO 51:10). Deus perdoa nossos pecados e nos aceita, de forma incondicional, sempre que pedimos perdão a Ele.

QUESTÕES PARA DEBATE

1. Com que frequência você se sente mergulhado em culpa?
2. O que o impede de experimentar o perdão de Deus?
3. De que maneira o perdão de Deus resolve a questão quando você peca?

ORAÇÃO

Querido Jesus, muito obrigado pelo Teu sacrifício na cruz que resolve todos os nossos problemas com o pecado. Obrigado, porque tu também resolveste o meu problema com a culpa. Que a Tua misericórdia e perdão se tornem cada vez mais claros em nosso coração e nada nos impeça de voltarmos ao Senhor quando cairmos. Restaura em nós a pureza e o espírito reto. Em nome de Jesus. Amém!

DANIEL CUNHA
Física (Bacharelado) — Jesus na UFPR

ANOTAÇÕES

SEMANA 37

PERDÃO

ONDE ENCONTRAR NA BÍBLIA?

COLOSSENSES 3:13

Sejam compreensivos uns com os outros e perdoem quem os ofender. Lembrem-se de que o Senhor os perdoou, de modo que vocês também devem perdoar.

MATEUS 18:21-22

Então Pedro se aproximou de Jesus e perguntou: "Senhor, quantas vezes devo perdoar alguém que peca contra mim? Sete vezes?". Jesus respondeu: "Não sete vezes, mas setenta vezes sete".

1 JOÃO 1:9

Mas, se confessamos nossos pecados, ele é fiel e justo para perdoar nossos pecados e nos purificar de toda injustiça.

São muitas as circunstâncias do dia a dia que nos levam a exercitar o perdão, enquanto o mundo nos diz que somos "tolos" por perdoar quem nos causa mal.

Jesus nos pede para perdoar, independentemente da situação que tenhamos sofrido, e nos perdoa o quanto for necessário. Entretanto, quando agimos de forma contrária ao que o Senhor nos orienta, guardando mágoas, raiva de outras pessoas e de nós mesmos, isso nos escraviza e nos prende ao passado.

As mágoas guardadas podem trazer males à saúde física, emocional e psicológica, afetando-nos individual e socialmente. Porém, em Jesus há perdão. Ele nos perdoou e o faz sempre que nos arrependemos diante dele. Então, quem somos para não perdoarmos os nossos erros e o erro de outros em relação a nós? Ele perdoou o meu próximo, então quem sou eu para não perdoá-lo também?

O perdão é uma escolha, que nos torna livres da mágoa e da autocondenação, mas só vamos conseguir perdoar verdadeiramente com a ajuda de Cristo.

FALANDO SOBRE O ASSUNTO

▸ Perdoando a si mesmo

Muitas vezes perdoamos outras pessoas, mas não nos perdoamos e nos auto condenamos, não aceitando o perdão de Jesus.

Tal falta de perdão normalmente vem com a falta de autoestima, exigência ao extremo sobre nós mesmos, pensamentos ruins, falta de amor-próprio. Agindo assim, não conseguimos cumprir o segundo mandamento: "Ame o seu próximo como a si mesmo" (MATEUS 22:39).

Devemos lembrar que Jesus já nos perdoou, porém jamais seremos perfeitos. Precisamos lembrar que, apesar de sermos salvos, somos humanos, logo erraremos muitas vezes, mas isso não nos torna uma pessoa horrível. Entretendo precisamos cuidar para não ficar justificando os erros por conta dessa realidade.

Peça a Deus que lhe revele o imenso amor dele por você, pois Ele entregou o Seu Filho unigênito por você (JOÃO 3:16). Peça a Ele que o ajude a se perdoar de quaisquer culpas que carrega.

▸ Perdoar o próximo

Na oração do Pai nosso, em que Jesus nos ensina a orar, Ele também fala sobre perdão: "perdoa nossos pecados, assim como perdoamos aqueles que pecam contra nós" (LUCAS 11:4).

Quando alguém abre mão do seu direito à mágoa e comportamentos negativos para com a pessoa que lhe ofendeu, ela cresce diante do Senhor. Os maus sentimentos que sentia se convertem em sentimentos de compaixão, misericórdia e, possivelmente, amor para com o ofensor. Isso é possível a partir da nossa disposição em perdoar, e do agir do Senhor em nós.

Perdoar não é simplesmente esquecer o que sofremos, mas decidir não usar tal ofensa contra o ofensor. Aliás, o perdão vai além do não sentir mais raiva contra o agressor. Perdoar é entender que a conta do mal causado já foi paga. Quando perdoamos alguém que nos "deve", a dor da dívida deve ser "cancelada". Assim, como Jesus fez e faz conosco.

Existe também o "pseudo perdão", que é quando você fala que perdoou, mas toda vez que lembra da situação e tem oportunidade, expõe à pessoa que o causou mal.

A falta de perdão gera dor e Jesus não deseja isso para você. Peça a Ele que o ajude a liberar perdão à pessoa que o machucou. Com certeza o Senhor o ajudará!

Entregue sua dor a Ele sempre que a sentir, e você verá chegar o dia em que a ferida foi curada e está cicatrizada.

QUESTÕES PARA DEBATE

1. Você tem se perdoado?
2. Perdoa as outras pessoas como o Senhor lhe perdoa?
3. Você confia em Deus para curar a sua dor?
4. Para quem você deve pedir perdão? Por quê?

ORAÇÃO

Deus, ajuda-me a perdoar os outros e a me perdoar. Tu sabes que não é fácil, mesmo assim entregaste Teu filho para me perdoar e eu quero perdoar. Ajuda-me! Não permitas que a raiva e a mágoa me dominem; não me deixes esquecer os princípios do Senhor, para que a Tua natureza cresça em mim todos os dias. Em nome de Jesus. Amém!

LEONARDO ARAUJO
Psicologia — OneFaesp

ANOTAÇÕES

SEMANA 38

ONDE ESTÁS?
PERTO ESTÁ O SENHOR!

O Senhor está sempre por perto, mesmo quando achamos que estamos sozinhos. Tanto nos dias felizes quanto nos dias tristes, Ele nos acompanha e sabe tudo o que fazemos, pensamos e sentimos. Não há nada escondido de Deus, nenhum segredo sequer.

Por isso, devemos colocar o nosso coração diante dele, e ser sinceros todo tempo, buscando-o de todo o coração; lembrando-nos também que em breve Ele virá nos buscar, e então viveremos juntos para todo sempre.

ONDE ENCONTRAR NA BÍBLIA?

FILIPENSES 4:5

Que todos vejam que vocês são amáveis em tudo que fazem. Lembrem-se de que o Senhor virá em breve.

SALMO 34:18

O SENHOR está perto dos que têm o coração quebrantado e resgata os de espírito oprimido.

SALMO 145:18

O SENHOR está perto de todos que o invocam, sim, de todos que o invocam com sinceridade.

FALANDO SOBRE O ASSUNTO

A Palavra de Deus está repleta de promessas que afirmam que Ele está conosco. No entanto, é muito comum, em meio às atividades cotidianas e problemas, esquecermo-nos desse fato tão essencial. Eventualmente grandes desafios trazem-nos à memória o poder e a graça de Deus; mas, quando chegam os pequenos percalços, é comum deixarmos de lado a mão que outrora nos ajudou em meio às situações mais difíceis.

👉 Presença de Deus

Uma forma muito comum de lembrarmos da presença de Deus é quando estudamos sobre quem Ele é, ou quando fazemos algo errado. Contudo, devemos sempre ter a consciência da presença dele diariamente em nossa vida, ou melhor, Sua companhia incondicional que nunca nos abandona.

Amabilidade

Na primeira parte de Filipenses 4:5, somos instruídos a sermos amáveis em tudo que fazemos de modo claro, para que todos a reconheçam em nós facilmente. Essa amabilidade tem que estar presente em nosso temperamento, conduta e atitudes, além de ser inspirada na consciência da doce presença de Deus conosco. A postura correta é reagir às afrontas e dificuldades pensando na forma como Jesus reagiria diante de tal situação, se estivesse em nosso lugar.

A presença de Jesus é real

O Senhor está sempre conosco. A companhia de Jesus nos conduzirá a um caminho de conhecimento, de relacionamento e de crescimento, de acordo com aquilo que a presença dele transmite: paz, amor e alegria no Espírito.

QUESTÕES PARA DEBATE

1. Como a consciência da companhia de Jesus afeta o seu dia e as coisas que você faz?
2. Você tem buscado conhecer mais do Senhor? De que maneira?
3. De que maneira tem sido a sua postura diante das situações difíceis?

ORAÇÃO

Jesus, faz-me consciente da Tua doce companhia. Faz-me olhar para ti com interesse e desejo de aprender mais de ti, enquanto caminhamos juntos no meu dia a dia. Não me deixes esquecer quem tu és, e do poder que deténs para transformar-me à Tua imagem. Em Teu nome. Amém!

BRUNA SANTOS
Eng Agronômica — Jesus na UFPR

SEMANA 39

POR QUE ESTAMOS CANSADOS?

Durante alguma semana, você já parou para se perguntar por que estava tão cansado, mesmo que sua rotina não tenha sofrido nenhuma grande mudança? Já se sentiu esgotado mesmo sem ter se esforçado tanto? Ou ainda, já se sentiu cansado de uma forma que não fosse física, mas interiormente?

Eu, definitivamente, já me senti assim, e não foram poucas vezes. Cansado de estar cansado, eu me perguntava: "O que tem me deixado desse jeito?" Além disso, "O que ou quem pode me livrar desse fardo?".

Para a primeira pergunta, encontrei pelo menos três respostas: o pecado, a religiosidade e, por incrível que pareça, eu mesmo; e, para a segunda, só há e sempre haverá somente uma resposta: Jesus Cristo.

ONDE ENCONTRAR NA BÍBLIA?

JOÃO 8:34

Jesus respondeu: "Eu lhes digo a verdade: todo o que peca é escravo do pecado".

MATEUS 11:28-30

Venham a mim todos vocês que estão cansados e sobrecarregados, e eu lhes darei descanso. Tomem sobre vocês o meu jugo. Deixem que eu lhes ensine, pois sou manso e humilde de coração, e encontrarão descanso para a alma. Meu jugo é fácil de carregar, e o fardo que lhes dou é leve.

MARCOS 2:17

Ao ouvir isso, Jesus lhes disse: "As pessoas saudáveis não precisam de médico, mas sim os doentes. Não vim para chamar os justos, mas sim os pecadores".

FALANDO SOBRE O ASSUNTO

O pecado

Certamente, o pecado é a principal causa do cansaço do nosso ser.

A questão é: Por que o pecado, mesmo sendo prazeroso, cansa-nos? A resposta é óbvia: Porque quem peca é escravo do pecado!

Uma ilustração que nos aproxima do entendimento dessa lógica é esta: imagine que você está com muita sede e tem na sua frente duas fontes, sendo que você só pode escolher uma delas. De uma dessas fontes jorra *Coca-Cola* bem geladinha, e da outra, verte água pura e fresca. Qual das duas lhe dará mais prazer? Agora, qual de fato matará a sua sede? O pecado, aqui, é como a *Coca-Cola*: quanto mais você toma para matar a sede, mais sede você tem. Você toma bastante sem perceber que está morrendo por dentro! Jesus, por outro lado, é a Água da Vida. Quem beber da água que Ele oferece nunca mais sentirá sede (JOÃO 4:13-14).

Legalismo religioso

Cristo enfrentou um problema em Sua época que é muito comum ainda hoje: o legalismo religioso. A religiosidade e a lei judaica oprimiam o povo, porque cobravam uma conduta quase que perfeita para se alcançar a salvação. Por isso, Jesus convida os cansados e sobrecarregados (pela religiosidade) à descansarem nele.

Ainda, é importante falar que os mestres da Lei da época de Jesus, acreditavam ser eles mais puros do que os outros simplesmente por cumprirem a Lei com mais rigor. Na verdade, eles nem mesmo se consideravam pecadores.

Uma das principais consequências da religiosidade é exatamente levar a pessoa a pensar que é salva, porque é "boa o suficiente" e, por isso, merece o Céu. Quando Cristo diz que não veio chamar os justos, mas sim os pecadores, o Senhor quer dizer que Ele chama aqueles que têm consciência do seu pecado. Algo que não se aplica aos legalistas religiosos, mas só porque eles querem.

A religiosidade, além de cansar as pessoas, faz com que elas procurem o remédio em si mesmas, quando, na verdade, o que elas precisam está em Jesus.

Idolatria do "eu"

Há um ditado que diz: "Se você quer procurar o seu pior inimigo, só precisa olhar no espelho". De fato, nós somos os culpados pelo pecado e legalismo que praticamos, mas mesmo que já tenhamos nos arrependido dos nossos pecados e não sejamos meramente religiosos, há uma prática muito comum que consome nossas energias: a idolatria do "eu".

Isaías descreve a situação em que o povo de Deus prefere deixar de ser "carregado" por pelo Senhor para criar seus próprios deuses e passar eles a carregá-los (ISAÍAS 44:6-10).

Parece loucura, mas também fazemos isso quando idolatramos nossa carreira, relacionamentos, prazeres, pensamentos, vontades e inúmeras outras coisas. Quando confiamos e idolatramos nosso eu, não encontramos resposta alguma e, no final do dia, estamos cansados de nos carregar.

A solução para os cansados

Finalmente, a solução para os cansados é apresentada: Jesus. Ele nos convida a irmos até Ele, para dele receber descanso para nossa alma. Jesus quer nos libertar da escravidão do pecado, do domínio impessoal do legalismo religioso, e nos libertar de nós mesmos.

Mas por que Ele é a única resposta certa, entre tantas outras? Porque apenas nele temos descanso; apenas Ele pode nos oferecer um jugo suave e um fardo leve. E o fardo que Cristo oferece só é leve, porque Ele já levou o que era pesado à cruz!

Os nossos pecados crucificaram Jesus, os nossos pecados nos mantinham afastados do Senhor, éramos inimigos de Deus. Mas por meio do Seu sacrifício no Calvário, Jesus nos convida: "Venham a mim todos vocês que estão cansados e sobrecarregados, e eu lhes darei descanso".

Se sente que esse convite é direcionado a você, ore a Jesus entregando a Ele todo o seu coração. Ou, se já aceitou esse convite e quer segui-lo, tenha em mente que Cristo deseja que você descanse nele. O Senhor deseja que você se relacione profundamente com Ele e o obedeça, pois Ele tem o melhor para os que o seguem.

QUESTÕES PARA DEBATE

1. Você já entregou sua vida a Jesus? Se não, o que o impede?
2. Há algo que pode estar o distanciando do Senhor? O quê?
3. Como você tem respondido ao convite de Cristo?

ORAÇÃO

Senhor, reconheço que sou pecador e preciso da Tua graça. Peço que me ensines a viver contigo, para que eu te conheça melhor a cada dia. Livra-me do fardo do pecado, da religiosidade e da idolatria do meu próprio eu, para que eu possa descansar completamente em ti. Em nome de Jesus. Amém!

CAIO ROMAN
Direito UFPR — Direito Com Deus

SEMANA 40

ESTOU NO LUGAR CERTO?

ONDE ENCONTRAR NA BÍBLIA?

ISAÍAS 48:17
Assim diz o SENHOR, seu Redentor, o Santo de Israel: "Eu sou o SENHOR, seu Deus, que lhe ensina o que é bom e o conduz pelo caminho que deve seguir".

ISAÍAS 26:3
Tu guardarás em perfeita paz todos que em ti confiam, aqueles cujos propósitos estão firmes em ti.

SALMO 25:8-10
O SENHOR é bom e justo; mostra o caminho correto aos que se desviam. Guia os humildes na justiça e ensina-lhes seu caminho. O SENHOR conduz com amor e fidelidade a todos que cumprem sua aliança e obedecem a seus preceitos.

Passei metade dos anos de faculdade me questionando se estava no lugar certo e fazendo a coisa certa. No fundo eu sabia que o propósito de estar ali era eterno, mas perdi muito tempo pensando: "E se tivesse feito assim, assado? Como seria se lá atrás eu tivesse feito diferente isso ou aquilo?". Até alguém me dizer que isso tirava minha alegria, minava a gratidão dos dias como um presente de Deus, sobre tudo o que eu estava vivendo, e que minha expectativa e confiança estavam mais em mim do que naquele que me chamou. Estava na hora de crer na verdade do Senhor sobre minha vida!

Esses pensamentos têm perturbado você? Então, relembremos as verdades de Deus!

FALANDO SOBRE O ASSUNTO

Busca e direção

Quantos de nós sofremos, murmuramos por enxergarmos por uma perspectiva obscura aquilo que acontece em nossa vida. O Senhor nos garante que se o buscarmos de todo o coração, nós o encontraremos (JEREMIAS 29:13). Ele não é o Deus que se esconde das pessoas e se faz de difícil, pelo contrário, Ele mesmo, o Pai, proveu a reconciliação e restauração da nossa comunhão com Ele através da morte e ressurreição de Cristo Jesus (2 CORÍNTIOS 5:19).

A verdade é que nosso Senhor nos ensina diariamente o que é bom, útil, e nos guia pelo caminho em que devemos andar (ISAÍAS 48:17). Ele traz uma nova perspectiva e mentalidade mediante os passos que precisamos dar. Isso demanda de nós obediência e gera em nós confiança.

Confiança

Talvez, assim como eu, você nunca pensou com profundidade num plano de carreira, nunca perseguiu um sonho desde cedo, ou teve a visão de até onde gostaria de chegar. Talvez ao longo da caminhada foi descobrindo, tendo vislumbres e "pistas" sobre os planos de Deus para você, considerando a forma como Ele o criou e os dons que lhe concedeu. Esse processo exercita nossa fé, pois a cada passo — mesmo que não enxerguemos ou entendamos tudo — precisamos confiar na direção de Deus, na palavra que recebemos do Senho a cada dia. Uma vez que nossos propósitos estão firmes nele, confiamos, e usufruímos de proteção num lugar de perfeita paz onde Ele nos concede (ISAÍAS 26:3). Se Ele nos ensina e direciona, podemos confiar, e se confiamos, lançamo-nos naquilo que recebemos dele e, por fim, obedecemos.

Obediência

Seja qual for o motivo que tenha gerado indecisão, confusão, incerteza e desesperança sobre os dias que você tem vivido, pode estar certo, pela Palavra de Deus, de que se pedirmos algo ao Senhor e buscarmos, receberemos e encontraremos (MATEUS 7:7). Ele nos ouve e fala conosco, contudo, quando o ouvimos, qual é a nossa atitude? Veja o que o Servo do Senhor (Jesus) diz: "O SENHOR Soberano falou comigo, e eu ouvi; não me rebelei nem me afastei" (ISAÍAS 50:5). A resposta que terá pode ser uma simples palavra: Volte-se, confie e descanse em mim (ISAÍAS 30:15; SALMO 37:5). Em tudo o que você fizer, lembre-se de que é para o Senhor que está fazendo (COLOSSENSES 3:23).

Se estamos longe de Deus, Ele nos atrai e nos mostra o caminho correto. Se nos humilhamos, com coração ensinável, Ele nos guia em justiça e ensina-nos o Seu caminho. Comprometidos e em obediência à Ele, somos conduzidos com Seu amor e fidelidade (SALMO 25:8-10).

Que você possa buscá-lo, ouvi-lo, confiar nele e obedecer a Sua voz, e assim, desfrutar de uma caminhada com o Senhor, firme, seguro e em paz.

QUESTÕES PARA DEBATE

1. O que tem tirado sua alegria com relação ao que tem vivido hoje?
2. Enquanto caminha com o Senhor, o que você já descobriu e o que Ele já lhe falou nessa jornada?
3. Qual verdade ouvida você precisa confiar, crer e aplicar em sua vida hoje?

ORAÇÃO

Pai, obrigada porque o Senhor sempre nos ouve, fala conosco e nos conduz em Teu caminho perfeito. Obrigada porque mesmo sem merecermos, o Senhor nos ama, é paciente, corrige-nos e nos conduz em amor. Pai, que deixemos de nos apoiar em nós mesmos e olhemos para ti, assim toda dúvida se dissipará, e nossos olhos serão curados para ver e viver conforme a Tua perspectiva. Em nome de Jesus. Amém.

TIEME HARFOUCHE
Engenharia Florestal — UFPR

ANOTAÇÕES

SEMANA 41

VENHA O TEU REINO — A CONSUMAÇÃO

Consumar é o ato de finalizar algo. Apresentar em forma plena. Consumamos acordos, alianças e tarefas. Jesus consumou a vontade do Pai de ser o Cordeiro santo apresentado para o sacrifício (JOÃO 19:30). Mas ainda há algo que não foi consumado: o Reino de Deus. Não o vivemos de forma plena, mas precisamos desejá-lo sem medo. O rei deste Reino esteve entre nós (LUCAS 17:20-21), mostrando-nos como viver de acordo com o Seu plano, mas o rejeitamos. Sua pregação não tinha a intenção de promover o terror de Sua vinda e juízo de Deus. Mas gerar temor (reverência), gratidão, amor e arrependimento (MARCOS 1:15). Para aqueles que creem na Palavra, a vinda de Cristo não será uma surpresa como a de um ladrão invadindo uma casa (1 TESSALONICENSES 5:4). Mas sim a de um noivo recebendo sua noiva adornada no dia de seu casamento (APOCALIPSE 20:7-8). Essa precisa ser nossa esperança. Como Sua noiva, receber o Cristo santo, já adornada de atos de justiça, pureza e santidade. Ser como Ele é, precisa ser nosso maior desejo ao clamarmos: Venha o Teu Reino!

ONDE ENCONTRAR NA BÍBLIA?

2 PEDRO 3:10-13

Contudo, o dia do Senhor virá como um ladrão. Os céus desaparecerão com terrível estrondo, e até os elementos serão consumidos pelo fogo, e a terra e tudo que nela há serão expostos. Visto, portanto, que tudo ao redor será destruído, a vida de vocês deve ser caracterizada por santidade e devoção, esperando o dia de Deus e já antecipando sua vinda. Nesse dia, ele incendiará os céus, e os elementos se derreterão nas chamas. Nós, porém, aguardamos com grande expectativa os novos céus e a nova terra que ele prometeu, um mundo pleno de justiça.

FALANDO SOBRE O ASSUNTO

Falar sobre a vinda do Senhor é um dos assuntos básicos da fé cristã (HEBREUS 6:1-3), não pode ser negligenciada. Temos o conhecimento de que Cristo é a peça central do plano de Deus, desde a fundação do mundo, para redimir todas as coisas que foram corrompidas. Entendemos também o privilégio de fazermos parte desse plano contribuindo com a transformação e redenção da sociedade por meio da vivência prática e diária do evangelho do Reino. Carregamos algo diferente. Cada um com sua vocação, chamado e propósito dispõe da capacidade e dever de influenciar todas as áreas e pessoas que estão ao redor. Por isso devemos demonstrar ao nosso próximo toda a verdade da Palavra, os valores de um Reino justo, o propósito da criação e a esperança que nos move. Isso é clamar pelo Reino.

Ao compreendermos essa tarefa, cumprimos a vontade de Deus de estabelecer plenamente Seu Reino fundamentado na fé, amor e santidade. Podemos, portanto, antecipar a glória que a vinda futura de Cristo trará. Com nossa mente e coração transformados seremos a Noiva pronta, adornada de atos de justiça aguardando o Noivo no grande dia (APOCALIPSE 20:7-8). Quando desenvolvemos essa mentalidade de que já podemos experimentar e manifestar o Reino de Deus aqui e agora, não sentimos medo da consumação e vinda repentina de Cristo. Muito menos sentimos medo de falar sobre esse assunto.

Os que creem são iluminados pela verdade e feitos filhos da Luz, que é Deus (EFÉSIOS 1:18). Precisamos entender essa esperança que nos foi concedida, pois ela dita o modo como vivemos nossa missão e vocação na Terra, como proclamamos o Reino e nos relacionamos com Deus e o próximo. Se não temos esperança, somos aprisionados pelas mentiras do Maligno e do mundo.

O nosso desejo pela vinda plena do Reino de Deus precisa ser, primordialmente, a de se tornar puro como Ele é (1 JOÃO 3:2). Nós que aguardamos com grande expectativa o estabelecimento final do propósito eterno, devemos ter como combustível a santificação e a busca por sermos semelhantes a Cristo todos os dias (2 PEDRO 3:13-14). Pois o Seu Reino é justo e santo.

Veja, por muitos anos temos ouvido sobre a consumação dos séculos com medo e terror ao invés de nos alegramos com essa esperança. Não a esperança no sentido de sermos tirados dessa Terra o mais rápido possível por não aguentamos mais tanta aflição. Mas a esperança de sermos finalmente perfeitos e santo como Jesus é. E quando Ele vir, isso não será uma surpresa temerosa para nós (1 TESSALONICENSES 5:1-4), pois, mesmo sem saber o dia e a hora, temos nos apropriando do Seu caráter, pureza, valor e autoridade ao longo do tempo. Sendo assim, estamos nos vestindo para o nosso casamento com Ele, onde haverá festa e alegria. Aguardamos o Noivo que reina eternamente!

QUESTÕES PARA DEBATE

1. Qual tem sido nossa esperança ao desejar a vinda de Cristo? E para cumprir nossa vocação?
2. Por que ainda temos medo da volta de Cristo e de falar sobre ela?
3. O que você tem feito para se tornar santo como Ele é?

ORAÇÃO

Senhor, oro para que meu coração seja iluminado por ti, a fim de que eu compreenda a esperança concedida àqueles que creem em Jesus e a rica e gloriosa herança que Ele trouxe a Teu povo santo. Também oro para que eu possa entender a grandeza insuperável do Teu poder e amor para comigo. O mesmo poder grandioso que ressuscitou Cristo dos mortos e o fez sentar-se no lugar de honra, à direita de Deus, nos domínios celestiais. Amém.
(EFÉSIOS 1:18-20).

BRUNNA MARQUES
Geografia — Jesus na UFPR

ANOTAÇÕES

SEMANA 42

VENHA O TEU REINO — A INAUGURAÇÃO!

ONDE ENCONTRAR NA BÍBLIA?

MATEUS 6:9-10
Portanto, orem da seguinte forma: Pai nosso que estás no céu, santificado seja o teu nome. Venha o teu reino. Seja feita a tua vontade, assim na terra como no céu.

MARCOS 1:14-15
Depois que João foi preso, Jesus foi para a Galileia, onde anunciou as boas-novas de Deus. "Enfim chegou o tempo prometido!", proclamava. "O reino de Deus está próximo! Arrependam-se e creiam nas boas-novas!".

JEREMIAS 23:5
"Pois está chegando o dia", diz o SENHOR, "em que levantarei um Renovo, um descendente justo, da linhagem do rei Davi. Ele reinará com sabedoria e fará o que é justo e certo em toda a terra".

Muitos de nós já fizemos a oração do Pai Nosso sem compreender muito bem o que significa a frase "Venha o Teu Reino". O que é Reino, como ele é e por que eu tenho que desejá-lo? O fato é que reinar com justiça, paz e amor era o plano inicial de Deus antes sequer do mundo existir. Já havia um Rei capacitado e um povo escolhido. Só precisávamos aceitá-lo. Porém isso não aconteceu. O ser humano se rebelou e fez tudo o que não agradava a Deus. E até os dias de hoje, insistimos em viver fora da vontade do Senhor, como se não houvesse um Rei santo governando o Universo em amor, e próximo a nós. Por meio de Cristo, Deus restabeleceu Seu propósito inicial com a inauguração de um Reino justo, humilde e acessível a todos mediante a fé. Precisamos crer, arrepender-nos de tudo aquilo que nos afasta da vontade perfeita de Deus e desejar o Seu Reino na Terra assim como ele o é no Céu!

FALANDO SOBRE O ASSUNTO

No princípio, no jardim do Éden, Deus reinava sobre toda a criação, com justiça, amor, sabedoria e paz. Todas as criaturas estavam debaixo do Seu governo, inclusive o homem. A primeira missão que Deus deu ao homem, como seu representante, foi a de reinar sobre a criação (GÊNESIS 1:26). Esse reinado era o Reino de Deus. Porém num dado momento o homem se rebelou e decidiu fazer um reino para si, segundo sua vontade, com seu próprio deus e lei. No entanto, mesmo depois da tragédia da queda, o Senhor prometeu que restauraria todas as coisas (GÊNESIS 3:15).

Desde então, muitos reinos e reis surgiram ao longo da história. Muitos se corromperam e governaram com injustiça e desigualdade, em que os fracos eram oprimidos e explorados. Alguns permaneceram fiéis, e mesmo falhando em algum ponto da vida, submeteram-se a Deus, como Davi, por exemplo. Cada rei governou por um certo tempo, sendo substituído por outro da mesma linhagem ou por alguém escolhido a dedo pelo próprio Deus. O pecado desses governos gerou consequências por séculos. Mas Deus ainda sonhava com Seu Reino de justiça. Contudo, era fato que com o coração corrompido do homem isso não seria possível. Por meio de profetas, Deus deixou pistas ao longo da história de que traria um Rei que jamais falharia e que governaria com justiça, poder, amor e glória (JEREMIAS 23:5 E DANIEL 2:44).

O Pai tinha um plano: trazer esse Rei de um lugar distante para ser coroado e ser o modelo por meio do Seu exemplo, ensinamentos, obediência e honra a Deus. Ele restauraria tudo o que foi perdido no Éden (EFÉSIOS 1:9-10). Ele foi chamado de o Renovo e todos o aguardavam. Séculos antes desse renovo vir à Terra, o profeta Zacarias (EFÉSIOS 9:9-10) relatou a alegria da chegada deste Rei vitorioso, mas que também viria em humildade. Muitos não esperavam que Ele viria de uma cidade e família tão humilde, que andaria com pessoas simples e desprezadas, por isso, o rejeitaram (JOÃO 1:10).

O Seu reinado tem sido estabelecido ao longo das gerações por pessoas que decidiram se arrepender de seus pecados e amar a Deus de todo coração, obedecendo ao Seu justo governo (MATEUS 1:1-16). Estes são seres humanos falhos, mas que permanecem fiéis à Palavra do Senhor.

Mas quem é este Rei e como é o Seu reino?

Um homem chamado Jesus, nascido em Belém e criado em Nazaré, falava com sabedoria como jamais se ouvira antes, e o principal tema da sua mensagem era: "O reino de Deus está próximo! Arrependam-se e creiam nas boas-novas!" (MARCOS 1:15). Ele pregava, exortava, curava e realizava milagres. E em todas essas ações havia uma intenção proposital de revelar como um Reino justo e santo deve ser.

Por que devo me adequar ao Reino de Deus?

O Reino de Deus foi inaugurado por Cristo e está em processo de compartilhamento na Terra, desde então, por todos aqueles cujos pecados foram perdoados, por Ele, e o aceitaram como Senhor. Por isso, existe a exigência do arrependimento. Nesse Reino não pode haver injustiça e pecado de nenhuma forma, pois é um Reino perfeito.

Esse Reino foi preparado desde a fundação do mundo e já possuía um Rei (1 PEDRO 1:20) capacitado para governar. Agora podemos fazer parte de tudo isso como família santa amada, escolhida e conhecida pelo Pai. Desejar fazer parte do Seu Reino é desejar o plano inicial, o Céu na Terra.

O que é o evangelho?

O evangelho se refere à mensagem essencial da salvação, ele é a boa-nova de que todos os que aceitam, pela fé, a Cristo são aceitos nesse Reino perfeito. E podem se tornar perfeitos através do agir do Espírito Santo.

QUESTÕES PARA DEBATE

1. O que esse Reino tem a ver com você?
2. Qual a diferença que ele faz ou pode fazer em sua vida?
3. Quais atitudes precisa desenvolver ou deixar de ter?

ORAÇÃO

Senhor Deus e Pai, que Teu Reino venha e Tua vontade seja estabelecida. Obrigada por me permitires fazer parte do Teu plano. Ajuda-me a ser perfeita como o Senhor é, amém.

BRUNNA MARQUES E DANIEL CUNHA
Geografia e Física — Jesus na UFPR

ANOTAÇÕES

SEMANA 43

VENHA O TEU REINO — A MANIFESTAÇÃO

A partir da vinda de Jesus, o processo de restabelecimento do Reino teve início. Seus ensinamentos incluíam que o Reino era chegado e deveria ser firmado primeiro no interior de cada um, como uma decisão firme de seguir a Cristo no coração, e depois transbordar em ações externalizadas pela conduta.

A transformação cultural de um cidadão terreno para se tornar cidadão do Céu inicia-se quando reconhecemos Jesus como nosso Senhor e Salvador, mas não para por aí. O apóstolo Paulo escreve em Romanos 12:2 sobre o processo constante de transformação da mente, por meio da ação do Espírito Santo, e a necessidade de não tomarmos a forma deste mundo. Ele indica esses dois pontos como condicionais para que experimentemos, desfrutemos e vivamos a vontade plena de Deus. E uma das "vontades" do Senhor é expressa na oração-modelo (MATEUS 6:10) ensinada pelo próprio Jesus. Por meio dela, podemos entender que Deus deseja que o Seu Reino seja estabelecido aqui sobre todas as nações da Terra, e isso inclui você como agente de transformação cultural. Para isso, no entanto, uma imersão na cultura do Reino é imprescindível para a nossa própria transformação. Somos chamados a desencadear uma onda de mudanças profundas em tudo ao nosso redor, vivendo a vontade do Senhor até que Ele venha.

ONDE ENCONTRAR NA BÍBLIA?

MATEUS 28:19-20 (KJA)
Portanto, ide e fazei com que todos os povos da terra se tornem discípulos, batizando-os em nome do Pai, e do Filho, e do Espírito Santo; ensinando-os a obedecer a tudo quanto vos tenho ordenado. E assim, Eu estarei permanentemente convosco, até o fim dos tempos.

JOÃO 17:15
Não peço que os tires do mundo, mas que os protejas do maligno.

FALANDO SOBRE O ASSUNTO

Cada nação tem uma cultura própria que rege aos padrões de comportamento dos cidadãos do país, e consequentemente, em como essa sociedade caminhará em cada área de desenvolvimento. Essa cultura é fundamentada em premissas, como as raízes de uma árvore, que podem ser verdadeiras ou falsas. Uma cultura enraizada em verdades, valores eternos do Reino, gera cidadãos plenos que levam prosperidade à nação; e o contrário também acontece.

As mentiras que podem ser pilares de uma nação vêm diretamente de Satanás, o pai da mentira, que inclusive tem a capacidade de enganar não só pessoas, mas nações inteiras (APOCALIPSE 12:9; 20:8). Mas graças a Deus por Cristo Jesus, nosso Senhor, Aquele que é a Verdade. Ele mesmo afirma que o conhecimento da verdade é poderoso para libertar pessoas, e igualmente nações! Mas como conhecerão a verdade se não formos sal da terra e luz do mundo (MATEUS 5:13-14), verdadeiros embaixadores de Cristo, ministros da reconciliação (2 CORÍNTIOS 5:17-20)?

Temos a honra de sermos incluídos no plano maravilhoso de Deus, e Ele deseja nos usar para converter nações àquilo que Ele planejou para elas, para a glória do Seu nome. Como Jesus anuncia em Mateus 5:14-16, somos luz, e somos colocados como candeias para iluminar todos os cômodos da casa, ou seja, cada uma das áreas da sociedade!

Cada cristão é um missionário no local onde Deus o coloca. Nem todos foram convocados para funções eclesiásticas, como pastores, mas todos são chamados para demonstrar a sua fé de forma radical, com talentos e dons concedidos por Deus. E esse papel não é de menor importância, pois vem de Deus!

Em Lucas 3:8-14, João Batista, o primeiro a apregoar a proximidade do Reino, é questionado sobre como expressar frutos de arrependimento, mudança de mente e "conversão". Dois grupos são destacados no relato: cobradores de impostos e soldados. Em momento algum o profeta os aconselha a deixarem suas profissões, mas os orienta às exercerem de acordo com os valores do Reino, glorificando a Deus. Isso se aplica a você e a mim hoje!

Deus pode e deseja nos usar para transformar nossas áreas de influência! As Escrituras, especialmente o Antigo Testamento, estão repletas de ensinamentos sobre as áreas da sociedade de uma nação, desde estrutura eclesiástica até programas de prevenção de doenças na população e cuidados com o meio-ambiente. Por quê? Porque isso também é importante e tem relevância espiritual! A separação entre secular e espiritual não existe nas Escrituras. Seu tempo de estudo para uma prova deve enaltecer a Deus da mesma forma que você faz em seu tempo devocional, com excelência, de maneira a glorificar ao Senhor (1 CORÍNTIOS 10:31).

Independentemente de qual seja o curso em que você está, o Espírito Santo pode sim lhe ensinar como exercer sua profissão refletindo o Reino e transformando a realidade da sua área de atuação, através da revelação das diretrizes bíblicas sobre isso. Somos propagadores da verdade libertadora oferecida por Deus e enviados para discipular nações (MATEUS 28:19), cada um com suas habilidades, ousadia e poder do Espírito Santo. Há uma urgência no coração do Pai pela manifestação de Seus filhos. Chegou a hora de transformarmos o mundo pelo poder de Deus. Chegou a hora do Reino de Cristo se manifestar.

PONTOS DE ESCLARECIMENTO:

Nós negamos que os ensinamentos acerca da remodelação cultural sejam mais importantes ou centrais do que a pregação do evangelho e a exposição das Escrituras. Entretanto, esse processo deve ser consequência e está inevitavelmente relacionado à atuação efetiva e relevante dos salvos na sociedade terrena em que estão inseridos.

O conceito das Áreas da Sociedade foi inaugurado por Landa Cope (JOCUM). A autora divide a sociedade em oito áreas de influência, sendo elas: Governo; Economia; Ciência; Igreja; Família; Educação; Comunicação; Artes e Entretenimento. Alguns outros autores, após ela, descrevem outras áreas, como Negócios, mas o conceito e base teológica permanecem os mesmos.

Sobre mentiras que são raízes de várias culturas, podemos citar ao menos um exemplo em nosso próprio contexto:

Princípio Bíblico: Filhos vêm de Deus e são uma bênção;

1. Mentira: Filhos não são uma bênção;
2. Comportamento das pessoas: Aborto, abandono, má criação dos filhos (permissiva ou com punições excessivas);
3. Consequência para a sociedade: Menos filhos por família, indivíduos instáveis, maus cidadãos e irrelevantes para a sociedade, crise demográfica, sobrecarga da previdência — os filhos não zelam pelos pais na velhice — desvalorização da família pelo governo e em ensinamentos culturais (educação, artes etc.).

Os padrões de comportamento e consequências para a sociedade comumente ocorrem por um conjunto de valores falsos da cultura, não sendo vistos de imediato a partir de uma única mentira enraizada.

QUESTÕES PARA DEBATE

1. Você já se imaginou como implantador do Reino de Deus em sua área de atuação?
2. Como os princípios bíblicos podem revolucionar a área em que o Senhor tem lhe colocado?
3. Você consegue imaginar um Brasil transformado pelo poder da Palavra de Deus, por meio da manifestação de Seus filhos? Quando isso acontecer, que características nossa nação terá?

ORAÇÃO

Pai, hoje entendo o Teu maravilhoso plano e propósito para todas as nações da Terra e te agradeço por poder fazer parte disso. Espírito Santo, peço-te que me concedas o entendimento da Tua vontade para as áreas da sociedade nas quais desejas me usar de modo a transformá-la, e com ousadia eu manifeste Tua graça e seja firme e constante. Comprometo-me a ser Teu canal para fazer do Brasil a nação com a qual o Senhor sonha, para a Tua glória e para que Teu nome seja conhecido entre todos os povos. Em nome de Jesus, amém.

VERÔNICA JUK
Medicina Veterinária — Jesus na UFPR

ANOTAÇÕES

SEMANA 44

O ANTÍDOTO PARA AS AFLIÇÕES

Quero me entregar na Tua terapia
No Teu reino, enlouquecer
Uma amostra grátis já me bastaria
Vou pra essa consulta sem meu relógio
Mas conto as horas pra te encontrar
A Terapia — Resgate

ONDE ENCONTRAR NA BÍBLIA?

TIAGO 5:13
Algum de vocês está passando por dificuldades? Então ore. Alguém está feliz? Cante louvores.

1 PEDRO 5:7
Entreguem-lhe todas as suas ansiedades, pois ele cuida de vocês.

FALANDO SOBRE O ASSUNTO

Por que orar?

Primeiramente, a pessoa a quem oramos é digna de credibilidade, não existe suspeita quanto ao Seu caráter. Ele é fiel e disse que nunca nos deixaria, jamais nos abandonaria e estaria conosco todos os dias. Ele é o nosso Pastor e disse que nada nos faltaria. Ele disse que não passaríamos por tribulações além das nossas capacidades para suportá-las.

Segundo, orar é demonstrar fé em Deus reconhecendo a Sua soberania sobre as circunstâncias e Seu senhorio em nossa vida. Ao orar, alimentamo-nos da fé de que Deus está no controle de tudo e está cuidado de todas as coisas, e isso nos traz paz e consolo. Ao orar, nosso foco muda e passamos a olhar para o Deus que livra e intervém, e não mais para a tempestade. Porém, não sabemos orar direito. Às vezes temos dificuldade para orar, mas o Espírito Santo intercede por nós. Assim como um bebê recém-nascido não sabe se expressar devidamente, mas ao chorar é socorrido pela mãe que entende a necessidade do filho. Desse mesmo modo, ao "chorarmos" Deus nos responde trazendo o Seu cuidado. Confie em Deus a todo tempo, ore e descanse nele.

Lamente na oração

Nossas orações não precisam ser "bonitinhas". Deus é onisciente, então jamais iremos surpreendê-lo. Devemos ser sinceros diante dele e abrir nossa caixa preta (nossas dúvidas, aflições, falta de fé, infidelidade nos, tristezas etc.). Existe um livro na Bíblia chamado Lamentações. Colocar aquilo que nos perturba e aflige diante de Deus não nos torna incrédulos, pois mesmo quando desabafamos para o Senhor o quanto estamos nos sentindo abandonados e cansados, antes disso já estamos acreditando em Sua existência e confiando em Sua resposta, pois Ele é nosso Deus.

A lamentação começa com a confiança abalada, mas termina com a paz que precede a provisão divina.

Em Habacuque, vemos que esse profeta começa questionando a Deus dizendo algo como: Até quando aquele povo ímpio e perverso triunfaria sobre o povo de Deus? Mas depois dos questionamentos, ele termina o livro adorando a Deus, declarando que se alegraria em Deus mesmo que perdesse todas as suas fontes de provisão.

A oração produz em nós essa fé e confiança no Senhor, que muda as situações dentro de nós antes mesmo das circunstâncias serem mudadas do lado de fora.

Uma forma de você iniciar uma vida de oração é usando a Bíblia. O próprio Jesus orava e nos ensina a fazer o mesmo. Você pode usar uma de Suas orações ou a do Pai Nosso, caso lhe faltem palavras no momento, mas ore! Essa é uma terapia sem contraindicação, pois você estará nas mãos do melhor e maior terapeuta que já existiu.

"A oração é o próprio respirar do verdadeiro cristianismo." —J. C. Ryle

"A oração é o antídoto para todas as nossas aflições." —João Calvino

QUESTÕES PARA DEBATE

1. O que é a oração para você?
2. Você geralmente ora quando está aflito? Crê que de fato está sendo ouvido?
3. Quanto tempo tem dedicado à oração? O que pode fazer para melhorar seu tempo de oração?

ORAÇÃO

Deus, sou tão falha e desajeitada em meu modo de viver, e tenho tanta dificuldade para reconhecer minha pequenez e limitação diante da vida, diante de ti. Peço que me dê um coração mais humilde e mais submisso a ti, a fim de que eu me prostre com maior frequência aos Teus pés. Só tu és o descanso e o verdadeiro alimento para a fome que existe em meu ser. Cuida de mim e traz ao meu coração a paz que excede todo o entendimento, para honra e glória do Teu santo nome, amém!

REBECA LOUREIRO
Medicina — Medcélula FEMPAR

ANOTAÇÕES

SEMANA 45

VIVENDO O REINO

ONDE ENCONTRAR NA BÍBLIA?

MATEUS 6:33
Busquem, em primeiro lugar, o reino de Deus e a sua justiça, e todas essas coisas lhes serão dadas.

SALMO 105:4
Busquem o SENHOR sua força, busquem sua presença continuamente.

Nós buscamos muitas coisas aqui nesta Terra. Muitos procuram fama, dinheiro, poder, ser reconhecidos por serem bons no que fazem, entre outras coisas. E em meio a tantas buscas, com frequência os hábitos e atitudes que tomamos refletem somente o desejo por conquistas terrenas. Convido você a pensar hoje sobre suas atitudes e hábitos diários: para onde eles estão apontando? Sua caminhada diária está o levando para onde?

FALANDO SOBRE O ASSUNTO

Vivendo o Reino dos Céus

Jesus deixa claro qual deve ser o objetivo primordial de nossa breve vida aqui na Terra: devemos nos concentrar no alto, no Reino dos Céus e em Sua justiça.

Viver o Reino dos Céus é viver seus valores celestiais aqui na Terra, e defendê-los com a própria vida. Como cidadão dos Céus e embaixadores de Cristo, temos que entender que essa não é a nossa pátria, no sentido de não ser essa a nossa casa; nós temos uma casa eterna. Nós temos outro estilo de vida, baseado em Cristo, que é a nossa justiça. Ele inspira o nosso modo de pensar e julgar tudo o que estamos fazendo diariamente.

O Deus da provisão

Por fim, o versículo fala sobre Ele nos dar "todas essas coisas". Mas que coisas são essas?

O contexto desse versículo bíblico faz menção ao que seriam essas coisas, e todas elas são passageiras. Diante disso, Jesus faz o seguinte questionamento: "Qual de vocês, por mais preocupado que esteja, pode acrescentar ao menos uma hora à sua vida?" (MATEUS 6:27).

Lembre-se de que não temos o controle, e por isso não precisamos andar preocupados ou ansiosos, ou correndo em direção às buscas terrenas, elas não vão satisfazer o nosso coração verdadeiramente, pois nós não somos daqui.

Gosto muito da frase do C. S. Lewis em seu livro *Cristianismo Puro e Simples* (Ed. Thomas Nelson, 2017): "Se eu encontro em mim um desejo que nenhuma experiência desse mundo possa satisfazer, a explicação mais provável é que eu fui feito para um outro mundo [...]. Se nenhum dos meus prazeres terrenos é capaz de satisfazê-lo, isso não prova que o universo é uma fraude. Provavelmente os prazeres terrenos não têm o propósito de satisfazê-lo, mas somente de despertá-lo, de sugerir a coisa real. Se for assim, tenho de tomar cuidado para, por um lado, jamais desprezar ou ser ingrato em relação a essas bênçãos terrenas, e, por outro jamais confundi-lo com outra coisa, da qual elas não passam de um tipo de cópia, ou eco, ou miragem".

Vamos buscar aquilo que realmente importa da maneira certa, buscar o Reino dos Céus e sua justiça. Que todos os dias você possa se lembrar dessa busca.

QUESTÕES PARA DEBATE

1. Pelo que você tem buscado?
2. Como a busca pelos seus objetivos está presente em seus hábitos?
3. Você já negociou os valores eternos? De que forma?

ORAÇÃO

Pai, obrigada por este dia em que posso aprender e lembrar a viver os valores eternos. Constantemente falhamos, mas sei que o Senhor tem cuidado dos Teus filhos, e nos alerta de que não precisamos andar preocupados com as coisas deste mundo, mas que devemos buscar o Teu Reino e a Tua justiça olhando firmemente para ti. Obrigada pelo Teu amor, obrigada por me fazeres Tua embaixadora nesta Terra. Que eu possa sempre me lembrar de quem eu sou em ti, e porque estou aqui. Em nome de Teu Filho Jesus, Amém.

JÉSSICA PAVANELO
Letras Português/Inglês — UTFPR em Cristo

ANOTAÇÕES

SEMANA 46

OMISSÃO É PECADO

Nas universidades, é muito comum a rodinha de amigos durante os intervalos e até mesmo após os horários de aula. Nesses momentos os assuntos são diversos, mostrando várias perspectivas, deixando-nos expostos a ideias e teorias secularizadas. Em alguns momentos, comentários sutis e audaciosos são feitos em relação à Palavra de Deus. Será que nós, como cristãos, podemos compactuar com tais situações?

ONDE ENCONTRAR NA BÍBLIA?

TIAGO 4:17
Lembrem-se de que é pecado saber o que devem fazer e não fazê-lo.

LUCAS 4:18
O Espírito do Senhor está sobre mim, pois ele me ungiu para trazer as boas-novas aos pobres. Ele me enviou para anunciar que os cativos serão soltos, os cegos verão, os oprimidos serão libertos.

SALMO 105:1
Deem graças ao SENHOR e proclamem seu nome; anunciem entre os povos o que ele tem feito.

FALANDO SOBRE O ASSUNTO

O perigo de não pregar a Palavra

Ter conhecimento da Palavra e não a apregoá-la é o mesmo que omitir (não fazer) algo que Deus nos ensina que devemos fazer. Em Marcos 16:15 somos orientados a pregar o evangelho levando as boas-novas: "Vão ao mundo inteiro e anunciem as boas-novas a todos". O pecado presente na omissão está em não obedecer a Deus: "Se alguém diz: 'Eu o conheço', mas não obedece a seus mandamentos, é mentiroso e a verdade não está nele" (1 JOÃO 2:4). De acordo com a Palavra de Deus, devemos pregar o evangelho em toda e qualquer ocasião, veja a orientação de Paulo: "Esteja preparado, quer a ocasião seja favorável, quer não. Corrija, repreenda e encoraje com paciência e bom ensino" (2 TIMÓTEO 4:2). Pois se não pregarmos, como as pessoas conhecerão a Deus?! "Mas como poderão invocá-lo se não crerem nele? E como crerão nele se jamais tiverem ouvido a seu respeito? E como ouvirão a seu respeito se ninguém lhes falar?" (ROMANOS 10:14). Ao não nos posicionarmos para mostrar o Deus a quem servimos, estamos negando levar a salvação àqueles que necessitam, e assim, impedindo-os de ter suas vidas transformadas.

Como pregar a Palavra de Deus?

Para pregarmos a Palavra de Deus temos que estudá-la para compreender, interpretar e aplicá-la primeiro a nossa vida. "Toda a Escritura é inspirada por Deus e útil para nos ensinar o que é verdadeiro e para nos fazer perceber o que não está em ordem em nossa vida. Ela nos corrige quando erramos e nos ensina a fazer o que é certo. Deus a usa para preparar e capacitar seu povo para toda boa obra" (2 TIMÓTEO 3:16-17). Devemos sempre pregar a Bíblia com amor e paciência: "O servo do Senhor não deve viver brigando, mas ser amável com todos, apto a ensinar e paciente. Instrua com mansidão aqueles que se opõem, na esperança de que Deus os leve ao arrependimento e, assim, conheçam a verdade" (2 TIMÓTEO 2:24-25). Somente através da pregação da Palavra, as pessoas poderão ter um encontro com Jesus, pois somente "aquele que invocar o nome do Senhor será salvo" (ROMANOS 10:13). "Portanto, a fé vem por ouvir, isto é, por ouvir as boas-novas a respeito de Cristo" (v.17).

QUESTÕES PARA DEBATE

1. Quais são as formas de omissão quanto a pregação do evangelho?
2. Quanto tempo eu tenho dedicado à Palavra de Deus para alcançar as pessoas à minha volta?
3. Quais estratégias podem ser utilizadas para pregar o evangelho a elas?

ORAÇÃO

Senhor Jesus, agradeço-te pela oportunidade de estudar a Tua Palavra e a disponibilidade dela nos dias de hoje. Agradeço-te, Senhor, pois ela é como um manual para nossa vida, em que podemos enxergar nossos erros e encontrar as maneiras de corrigi-los. Peço-te, Senhor, neste momento que concedas-me discernimento e sabedoria para anunciar a Tua Palavra. Que eu não tenha medo e nem falta de conhecimento para falar do quão maravilhoso tu és. Que eu possa ser usado para levar a Tua Palavra as pessoas que dela necessitam. Em nome de Jesus, amém.

STEPHANIE SIMEIA
Biotecnologia — PUC/PR

ANOTAÇÕES

SEMANA 47

PORQUE ELE VIVE POSSO SER LIVRE

ONDE ENCONTRAR NA BÍBLIA?

ISAÍAS 41:10

Não tenha medo, pois estou com você; não desanime, pois sou o seu Deus. Eu o fortalecerei e o ajudarei; com minha vitoriosa mão direita o sustentarei.

SALMO 23:4

Mesmo quando eu andar pelo escuro vale da morte, não terei medo, pois tu estás ao meu lado. Tua vara e teu cajado me protegem.

1 JOÃO 4:18

Esse amor não tem medo, pois o perfeito amor afasta todo medo. Se temos medo, é porque tememos o castigo, e isso mostra que ainda não experimentamos plenamente o amor.

São muitas as circunstâncias no nosso dia a dia que tentam nos sufocar e aprisionar. A contemporaneidade nos pressiona e impõe uma rotina, um ritmo de vida que nos faz pensar, muitas vezes, que "não temos tempo para nada", nem mesmo para Deus. E é em meio a tudo isso que a ansiedade, o medo, o pecado e a culpa acabam tendo êxito e nos escravizando.

A síndrome do pânico, a depressão e a pornografia são os grandes males que têm escravizado essa geração, porém, em Cristo, existe liberdade para você e para mim. Não precisamos viver na escravidão visto que fomos redimidos por Cristo na cruz! Antes éramos escravos, porém através de Cristo somos feitos filhos de Deus e isso muda tudo!

Por meio de Sua obra redentora, Jesus levou sobre si todo pecado e venceu tudo o que nos escravizava ressuscitando ao terceiro dia. Logo, porque Ele vive podemos ser livres!

FALANDO SOBRE O ASSUNTO

🗣 Livres do medo

Em 1 João 4:18 a Palavra nos afirma que no amor não existe medo. Deus é amor e nos ama incondicionalmente! Ele provou isso morrendo em nosso lugar (JOÃO 15:13). Existe maior prova de amor do que essa? Tal entendimento precisa ser vivo em nosso coração. Eu sou amado por Deus. Eu tenho um Pai que me ama. Eu sou **filho**! Não um escravo (ROMANOS 8:15).

A afirmação sobre a minha identidade e o entendimento de que sou filho sendo desenvolvidos em mim trazem a segurança que preciso para que o medo não me escravize. Talvez quando criança, durante a noite tinha medo de algo, e você corria para o seu pai. Isso, porque com ele, você se sentia seguro. Então, corra para Deus! Nele você estará sempre seguro (SALMO 23:4).

Livres da ansiedade

Quando entendemos que Ele é Senhor sobre tudo e todos, que nada foge ao controle de Suas mãos e lhe entregamos a nossa vida, as incertezas e a ansiedade não nos escravizam mais.

Entregue seus sonhos e seus planos a Deus e descanse nele (1 PEDRO 5:6), pois o Senhor nos garante que nada nos faltará. Ele é o Bom Pastor que cuida de nós (SALMO 23:1). Por isso, não precisamos andar mais ansiosos, mas aprender a confiar de fato nele, pois os planos e os pensamentos do Pai são muito mais altos que os nossos. Seja livre da ansiedade!

Livres do pecado

O pecado nos afasta de Deus (ROMANOS 3:23). No Éden o homem pecou e um abismo chamado pecado o afastou de Deus. Porém Cristo vem e resolve o problema do pecado, conectando-nos de volta a Deus. A cruz é a ponte sobre esse abismo.

Na cruz, Cristo se fez maldição em nosso lugar e a Sua obra nos resgatou das trevas (COLOSSENSES 1:13), pagou a dívida que era nossa e nos perdoou. Não precisamos mais ser escravos do pecado (ROMANOS 6:6), mas sim morrer para a nossa carne e viver para Deus, ter novas atitudes. Atitudes essas que mostram frutos de arrependimento e de uma vida que reflete o Cristo que habita em nós. Deus tem vida plena para cada um de nós (JOÃO 10:10). À medida que caminhamos com Ele, somos transformados e podemos andar em liberdade.

Precisamos desenvolver o entendimento daquilo que nós somos nele. A Palavra afirma que o Senhor nos declara justos e essa justiça vem sobre nós quando confiamos em Sua obra redentora. Precisamos entender isto: não somos pecadores lutando para ser justos, antes somos justos que confiam na graça de Deus e no Seu sacrifício, justos que procuram conhecer a Jesus e deixam-se transformar por Ele, entendendo que o pecado não pode nos escravizar mais. Jesus já venceu o pecado e a morte na cruz. Confiando nisso, podemos seguir livres do pecado!

QUESTÕES PARA DEBATE

1. Você tem colocado diante de Deus os seus temores? Para quem corre nos momentos de medo?
2. Você tem confiado o suficiente em Deus? Como isso se demonstra?
3. O que tem o impedido de andar em liberdade?

ORAÇÃO

Pai, obrigado pelo amor que tens pela minha vida. Obrigado porque sempre que o medo me assola, posso correr para ti. Obrigado pelo Teu sacrifício que me dá vida, que me proporcionou andar em liberdade. Que o medo, a ansiedade, o pecado não dominem o meu coração, mas antes, que a consciência daquilo que eu sou em ti possa ser desenvolvida em mim a cada dia.

MATHEUS AUGUSTO
Engenharia Elétrica — Jesus na UFPR

ANOTAÇÕES

SEMANA 48

NÃO DÁ NADA!

Desde o início da faculdade tive algumas matérias — do tipo que sabemos o quão fácil é passar com pouco esforço —, e em uma delas decidi não me empenhar em estudar e simplesmente deixei acontecer, na certeza de que passaria nela.

O problema desse comportamento, bem comum para muitas pessoas na faculdade, é que isso demonstra um problema de caráter na personalidade. Quando você decide "levar a matéria", não pensa na importância do conteúdo ou na dedicação do professor, mas apenas vive sob um raciocínio imaturo, nada altruísta e totalmente momentâneo. Ou seja, pensa tão somente em si mesmo que decide seu futuro baseado no pecado da preguiça. Então, vamos conversar sobre pecados intencionais cultivados em nossa vida?

ONDE ENCONTRAR NA BÍBLIA?

GÁLATAS 5:22-23

Mas o Espírito produz este fruto: amor, alegria, paz, paciência, amabilidade, bondade, fidelidade, mansidão e domínio próprio. Não há lei contra essas coisas!

GÁLATAS 5:25

Uma vez que vivemos pelo Espírito, sigamos a direção do Espírito em todas as áreas de nossa vida.

1 JOÃO 1:9

Mas, se confessamos nossos pecados, ele é fiel e justo para perdoar nossos pecados e nos purificar de toda injustiça.

FALANDO SOBRE O ASSUNTO

Argumentos para viver no pecado

Compreendo argumentos do tipo: "Tem tanta matéria inútil", "Eu nem vou usar isso", pois já os usei. Mas tudo isso não é somente sobre você. Se já conhece a vida que existe em Cristo, precisa caminhar como Cristo caminhou. Isto é: você deve estudar de maneira intencional, independentemente de ser fácil ou difícil. Aliás, Deus é Deus de organização e devemos aprender a agir como Ele.

Após ter percebido meus pensamentos e ter feito metade do semestre desse modo irresponsável, escolhi reprovar (sim, optei por reprovar na tal matéria). Isso, pois eu sabia que tinha feito a escolha errada no começo e seria prejudicial para minha vida continuar vivendo como se tal escolha fosse nada.

Está aí uma famosa frase ruim: "Não dá nada, é só uma matéria". Não, não é só uma matéria, mas falta de caráter cristão. Os argumentos para continuar vivendo no pecado demonstram falta de compreensão da Palavra de Deus.

Andar intencionalmente no Espírito

Algumas versões da Bíblia fazem referência a palavra "andar" no Espírito. A versão usada aqui faz uso da palavra "sigamos" e ambas fazem referência a ação de viver não segundo seus próprios argumentos, mas nos princípios do Espírito Santo. Agora você não toma decisões baseadas no que pensa ser o correto, mas no que o Espírito da verdade, o Espírito Santo, revela na Palavra de Deus. Garanto a você que o fruto do Espírito não inclui a preguiça. Aliás, você mesmo pode verificar em Gálatas 5:22-23 para compreender que ser guiado pelo Espírito significa viver de forma que transborda o bom fruto. Desse modo, "deixem que o Espírito guie sua vida" (GÁLATAS 5:16).

Arrependimento

O ponto importante a ser destacado sobre o pecado é que precisamos nos arrepender para começar a transformar os passos que temos dado até aqui. A Palavra de Deus deixa claro que "se confessamos nossos pecados, ele é fiel e justo para perdoar nossos pecados e nos purificar de toda injustiça" (1 JOÃO 1:9).

A Palavra também afirma que alcançamos misericórdia quando abandonamos os pecados (PROVÉRBIOS 28:13).

Portanto, decida hoje se arrepender e confessar seus pecados a Cristo, pois o que está em jogo certamente é sua vida, e sua vida plena nele.

QUESTÕES PARA DEBATE

1. Pare e pense em sua rotina: onde existe pecado intencional sendo cultivado?
2. Quais são seus argumentos para continuar andando dessa maneira?
3. Você tem seguido de forma intencional o Espírito de Deus? Que tal iniciar uma mudança hoje por meio do arrependimento e da confissão?

ORAÇÃO

Senhor, perdoa-me, pois tenho escolhido viver no pecado da preguiça, mas hoje quero confessar em que áreas da minha vida tenho aplicado a famosa frase: "Não dá nada". Perdoa-me, Pai, e guia-me para viver, andar e seguir pelo caminho da vida eterna, pelo caminho que Tu fizeste para que eu andasse. Obrigada por Tua Palavra que sempre tem me exortado e ensinado a maneira certa de viver. Em nome de Jesus, amém.

JÉSSICA PAVANELO
Letras Português/Inglês — UTFPR em Cristo

ANOTAÇÕES

SEMANA 49

AMAR COMO JESUS AMA

ONDE ENCONTRAR NA BÍBLIA?

LUCAS 10:29-37

O homem, porém, querendo justificar suas ações, perguntou a Jesus: "E quem é o meu próximo?". Jesus respondeu com uma história: "Certo homem descia de Jerusalém a Jericó, quando foi atacado por bandidos. Eles lhe tiraram as roupas, o espancaram e o deixaram quase morto à beira da estrada. "Por acaso, descia por ali um sacerdote. Quando viu o homem caído, atravessou para o outro lado da estrada. Um levita fazia o mesmo caminho e viu o homem caído, mas também atravessou e passou longe. Então veio um samaritano e, ao ver o homem, teve compaixão dele. Foi até ele, tratou de seus ferimentos com óleo e vinho e os enfaixou. Depois, colocou o homem em seu jumento e o levou a uma hospedaria, onde cuidou dele. No dia seguinte, deu duas moedas de prata ao dono da hospedaria e disse: 'Cuide deste homem. Se você precisar gastar a mais com ele, eu lhe pagarei a diferença quando voltar'. Qual desses três você diria que foi o próximo do homem atacado pelos bandidos?", perguntou Jesus. O especialista da lei respondeu: "Aquele que teve misericórdia dele". Então Jesus disse: "Vá e faça o mesmo".

É comum lembrarmos os mandamentos mais importantes ao longo da Bíblia que são reforçados, em Lucas 10, por um homem que questionava a Jesus. Entenderemos um pouco melhor o porquê Jesus enfatiza o segundo mandamento "Amarás o teu próximo como a ti mesmo" e principalmente porque ele é tão importante para nós hoje.

FALANDO SOBRE O ASSUNTO

> **Por que amar o nosso próximo é importante?**

Lucas 10 reforça os mandamentos mais importantes de toda a Bíblia, o primeiro lembra de algo que é direto entre nós e Deus como um relacionamento vertical, sobre buscarmos amar a Deus com tudo que somos, temos e entendemos. O segundo mandamento refere-se a todas as pessoas próximas a nós, partindo de uma perspectiva onde nós devemos amar os outros como amamos a nós mesmos, afinal quase sempre queremos o melhor para nós, então devemos agir da mesma forma para com os outros. Há algum tempo ouvi que isso, resumidamente, é uma vida de cruz, onde na vertical está o nosso relacionamento com Deus e na horizontal com o nosso próximo.

Em Romanos 13:8-10 Paulo nos explica de uma forma muito clara e prática que amar o nosso próximo nos ajuda a cumprir toda a lei. Pois como amando alguém poderíamos mentir, roubar, matar, cobiçar, tirar vantagem ou até mesmo ser indiferente e praticar o mal contra essa pessoa?

Quem é o nosso próximo?

De maneira especial, Lucas 10:29-37 traz a sequência do diálogo entre Jesus e um especialista da lei, onde o Senhor explica quem é o nosso próximo através de uma parábola. Devemos lembrar que, no contexto daquela época, os Sacerdotes e Levitas eram pessoas dedicadas integralmente ao serviço a Deus, e os Samaritanos e Judeus não se davam nada bem (eram como inimigos). Jesus, então, utiliza esses personagens em Sua história para ensinar àquele homem, um especialista da lei, e também a cada um nós na contemporaneidade sobre quem é o nosso próximo, e como podemos amá-lo seguindo o exemplo do bom samaritano.

Jesus quebra um dos pensamentos mais comuns de Sua época: "Ame o seu próximo e odeie o seu inimigo", ao ensinar: "amem os seus inimigos e orem por quem os perseguem", pois assim Seus seguidores agiriam "como verdadeiros filhos [do] Pai, que está no Céu" (MATEUS 5:43-48). Talvez possamos pensar hoje que, diferentemente da época de Davi, não temos inimigos e não precisamos nos preocupar com isso, mas é bem provável que haja pessoas ao nosso redor de quem não gostamos muito e vice-versa. Elas nos provocam raiva, como por exemplo, um professor que dá aula mal e aplica provas difíceis, ou pessoas do trabalho que não se comportam da maneira que você gostaria dentre outros. Em meio a tais exemplos, reflita sobre quais pessoas ao seu redor despertam esses sentimentos e o que seria agir em amor para com elas. Jesus nos ensina a amar as pessoas independentemente das ações delas, afinal Ele mesmo nos diz que se amamos os que nos amam que diferença faz sermos cristãos.

Como podemos amar da mesma forma que Jesus?

Provavelmente você chegou a este ponto aceitando que tudo isso é verdade, mas parece algo impossível, e pela nossa própria força é realmente muito difícil, por isso necessitamos voltar à cruz buscando o amar o próximo de maneira intencional, lembrando-nos de que através de Jesus o amor de Deus é derramado em nosso coração pelo Espírito Santo (ROMANOS 5:5), e esse amor que nos alcançou primeiro é a chave que nos transforma constantemente: ele nos capacita a amarmos como Jesus nos ama.

O próprio Jesus afirma: Não existe amor maior do que dar a vida por seus amigos" (JOÃO 15:13), e Jesus é Aquele que deu a Sua vida por nós e nos chama de amigos quando o seguimos. À medida que caminhamos com o Senhor em intimidade (como amigos) e vivenciamos mais do Seu amor por nós vamos nos tornando mais semelhantes a Ele. Sendo assim, de maneira prática, conhecemos mais a Jesus através da Bíblia e crescemos no relacionamento com Ele.

É incrível pensar que podemos ser sinceros com Jesus como a um amigo, assim se você sentir dificuldade para amar as pessoas próximas durante a semana, peça continuamente a Ele que derrame o amor dele em seu coração, mantenha-o na direção do Espírito Santo e oportunize a você chances para demonstrar verdadeiramente esse amor aos outros.

Podemos começar hoje a amar verdadeiramente o nosso próximo: pessoas da nossa sala de aula, da nossa universidade, da nossa família, do trabalho, do ônibus, e as pessoas que veio à sua mente enquanto lia sobre inimigos. E não se esqueça que amar como Jesus ama só é possível quando Ele é, de fato, Senhor da nossa vida e caminhamos com Ele.

QUESTÕES PARA DEBATE

1. Quem é o seu próximo? Em quais situações você se relaciona com essas pessoas?
2. Qual dos personagens você seria na parábola do bom samaritano? Por quê?
3. De que maneira você pode ser mais íntimo de Jesus?

ORAÇÃO

Pai, oro para que possamos aprender com Jesus como verdadeiramente amar o nosso próximo, inclusive os nossos inimigos. Peço que cada um daqueles que te adoram possa ser cada vez mais íntimo do Teu Filho Jesus e, assim, as pessoas possam conhecer mais do Teu amor, em Cristo, por nosso intermédio.

HAMER IBOSHI
Ciência da computação — Jesus na UFPR

SEMANA 50

DISCIPULADO

Jesus nos chama para um relacionamento pessoal: renunciando a nós mesmos, tomando nossa cruz e o seguindo como Seus discípulos. Ele tem toda a autoridade. Não há outro maior. De fato, é Jesus quem devemos seguir!

Porém, o chamado de nosso Senhor não consiste apenas em um relacionamento vertical, "eu e Deus". Ele nos chama a viver em comunhão com pessoas, em família, aprendendo uns com os outros e manifestando o Seu amor. O Senhor deseja que cresçamos na fé, e dessa forma, possamos auxiliar outros a segui-lo.

ONDE ENCONTRAR NA BÍBLIA?

MATEUS 28:18-20

Jesus se aproximou deles e disse: "Toda a autoridade no céu e na terra me foi dada. Portanto, vão e façam discípulos de todas as nações, batizando-os em nome do Pai, do Filho e do Espírito Santo. Ensinem esses novos discípulos a obedecerem a todas as ordens que eu lhes dei. E lembrem-se disto: estou sempre com vocês, até o fim dos tempos".

1 TESSALONICENSES 3:12

E que o Senhor faça crescer e transbordar o amor que vocês têm uns pelos outros e por todos, da mesma forma que nosso amor transborda por vocês.

FALANDO SOBRE O ASSUNTO

Relacionamento

A Bíblia nos ensina que aqueles que receberam a Cristo, ou seja, todos os que têm Jesus como seu único Senhor e Salvador, foi lhes concedido "o direito de se tornarem filhos de Deus" (JOÃO 1:12). Portanto, pertencemos a família de Deus, somos irmãos em Cristo. O discipulado consiste em irmãos mais velhos, que estão a mais tempo caminhando com Jesus, ensinando os irmãos mais novos a andar no caminho da salvação.

O discipulado consiste em relacionamento, em caminhar junto com alguém. Por amor a Cristo e a nossos irmãos, precisamos discipular! Nosso amor a Deus e nossa espiritualidade é revelada no nosso amor pelos irmãos. "Ele nos deu este mandamento: quem ama a Deus, ame também seus irmãos" (1 JOÃO 4:21).

Sendo exemplo

Observe que Jesus não disse: "ensinem todas as coisas", mas sim: "ensinem [...] a obedecerem" (MATEUS 28:20); desse modo, entendemos que devemos ensinar obedecendo, ou seja: sendo exemplo para aqueles com quem caminhamos.

Nossos irmãos saberão o que é amar a Deus com tudo o que somos e temos, e amar ao nosso próximo como a nós mesmos (os dois mandamentos igualmente importantes que Jesus nos deu e que fundamentam todos os outros – Marcos 12:29-33), quando virem que isso é verdade em nós. Apenas discípulos sinceros e verdadeiros podem "gerar" discípulos sinceros e verdadeiros.

Um verdadeiro líder não é alguém que exige uma obediência que ele mesmo não pratica. Antes, com compaixão, entende que, como ele, seus irmãos também pecam e não sabem tudo, por isso, precisam passar pelos processos que Deus realiza em nós com vistas ao nosso crescimento. O discipulador deve servir e dar o exemplo, assim como Jesus fez com os primeiros discípulos, lavando seus pés. Para isto, observe:

1. *A Palavra de Deus*

   Para essa missão, precisamos da espada do Espírito, que é a Palavra de Deus. Ela é "útil para nos ensinar o que é verdadeiro e para nos fazer perceber o que não está em ordem em nossa vida. Ela nos corrige quando erramos e nos ensina a fazer o que é certo" (2 TIMÓTEO 3:16), coisas que devem estar presentes no discipulado e que aperfeiçoam a cada um de nós.

   Uma das marcas do filho maduro é o seu cuidado e zelo pela Palavra do Senhor. Dependemos das Escrituras para aprendermos, e não é diferente no discipular. Busque o Senhor na Bíblia de todo o coração, e com todo o seu coração dependa das Escrituras para mostrar aos outros qual é o caminho correto diante do Senhor.

   Muitos, mesmo em nossas igrejas, estão no caminho do erro. Pecam por não conhecer ao Senhor nem a Sua Palavra. O discipulado fará com que muitos possam sair da ignorância e escuridão quanto a verdade do Senhor, para realmente conhecerem o Deus soberano e viverem tudo o que Ele nos chama a viver em Cristo.

2. *Dicas práticas*

   Se você está sendo discipulado, tenha em mente que seu irmão mais velho, muitas vezes, poderá corrigi-lo e o confrontá-lo em suas convicções, entendimento e atitudes. Lembre-se: "Portanto, submetam-se a Deus. Resistam ao diabo, e ele fugirá de vocês" (TIAGO 4:7).

Se você for discipular alguém, faça isso de acordo com a Palavra de Deus, sempre deixando claro aquilo que o Senhor diz e o que você pensa a respeito de algo. Aconselhe com sabedoria e tenha coragem para confrontar em amor a pessoa que estiver sendo discipulada, pois isso servirá para o crescimento dela — desde que a sua vida seja exemplo para ela. Não tenha como motivação ou objetivo ser obedecido, pois assim como você, seu irmão também está em processo!

QUESTÕES PARA DEBATE

1. Estamos buscando e preparando-nos para cumprir a missão que Jesus nos deixou? De que forma?
2. Qual é o seu maior exemplo de alguém que tem como o viver Cristo? Como essa pessoa o inspira?
3. Qual é o seu nível de comprometimento com o chamado para discipular pessoas?

ORAÇÃO

Querido Deus, obrigado pela nova vida que recebi de ti, e por Tua graça e misericórdia me assistirem em minhas fraquezas e falhas. Ajuda-me a crescer dia a dia e a ser mais semelhante ao Teu Filho, Jesus. Constrange o meu coração com a Tua Palavra de modo que eu possa viver o Teu chamado para mim. Torna-me um bom exemplo de discípulo e prepara-me para ajudar outros a seguirem os Teus caminhos. Que o Teu nome seja conhecido através da minha vida. Em nome de Jesus. Amém!

FELIPE RAYZEL
Engenharia de Controle e Automação — UTFPR em Cristo

SEMANA 51

A IMPORTÂNCIA DE COMPANHIA NA CAMINHADA

ONDE ENCONTRAR NA BÍBLIA?

ECLESIASTES 4:9-12

É melhor serem dois que um, pois um ajuda o outro a alcançar o sucesso. Se um cair, o outro o ajuda a levantar-se. Mas quem cai sem ter quem o ajude está em sérios apuros. Da mesma forma, duas pessoas que se deitam juntas aquecem uma à outra. Mas como fazer para se aquecer sozinho? Sozinha, a pessoa corre o risco de ser atacada e vencida, mas duas pessoas juntas podem se defender melhor. Se houver três, melhor ainda, pois uma corda trançada com três fios não arrebenta facilmente.

SALMO 1:1-2

Feliz é aquele que não segue o conselho dos perversos, não se detém no caminho dos pecadores, nem se junta à roda dos zombadores. Pelo contrário, tem prazer na lei do SENHOR e nela medita dia e noite.

Nenhum homem é uma ilha. Somos gregários, seres sociais. Quem tenta viver solitário acaba adoecendo ou sendo propenso a adoecer.

FALANDO SOBRE O ASSUNTO

As vantagens de se ter companhia

Caminhar com alguém traz diversas vantagens: maior rendimento, proteção, segurança, conforto e resistência.

É necessário buscar amizades que tenham valores semelhantes, ou valores que você busca alcançar, para que estes sejam desenvolvidos. Essa amizade trará motivação, correção e constante encorajamento mútuo, com o objetivo de contribuir com o fortalecimento da fé, a fim de que o outro não vacile e busque arrependimento constante ao pecar.

Procure alguém para caminhar com você na faculdade. Que a amizade de vocês glorifique a Deus e vocês se protejam e edifiquem-se reciprocamente. Não seja como Elias, que se isolou em uma caverna e achou ser o único que buscava a Deus em sua comunidade. Deus tem filhos fiéis em todos os lugares, por isso, ore por amigos e busque por cristãos sinceros para o aproximar de Deus. E isso, tanto no período da faculdade quanto no restante da sua vida.

Cuidados com certas amizades

Por mais que ter amigos seja abençoador, é preciso ter cuidado com certas amizades e com os conselhos que você recebe delas, pois alguns deles podem ser contrários aos princípios de Deus expressos na Bíblia. Apesar disso, não estou dizendo para ter somente um tipo de amizade, ou sugerindo que você tão somente tenha amigos cristãos. O que estou alertando é para que tome o devido cuidado com amizades muito próximas que o afastam de Deus.

Busque alguém que possa lhe orientar biblicamente e a crescer na fé em Cristo. Além disso, não se ajunte com ninguém para falar mal dos outros, isso não agrada a Deus (SALMO 1). Devemos respeitar o próximo, independentemente de quem seja.

Desenvolva amizades em que sempre possa encontrar palavras de ajuda, consolo, encorajamento; tenha amigos que ore com e por você. Amigos que levam Deus a sério e, por isso, o ajudarão a cumprir a vontade do Senhor e a glorificá-lo em sua vida.

QUESTÕES PARA DEBATE

1. Você tem andado sozinho ou acompanhado? Por quê?
2. Suas amizades têm glorificado a Deus? Têm o ajudado a andar em santidade? Se não, por que você insiste em mantê-las?
3. Você tem sido um bom amigo? Tem zelado por seus amigos? De que maneira?

ORAÇÃO

*Deus, peço por comunhão verdadeira em um mundo
de relacionamento líquidos e superficiais, em que as pessoas vivem
cada vez mais de forma tão egoísta com seus semelhantes.
Que eu possa aprender de ti, que deu Teu próprio Filho por amor,
a como, por amor a ti, dar minha vida em serviço aos irmãos.
Que eu reflita a Cristo, para honra e glória do Teu santo nome, amém!*

REBECA LOUREIRO
Medicina — Medcélula FEMPAR

ANOTAÇÕES

SEMANA 52

VENCENDO A CULTURA DO PECADO

Nos dias de hoje, a cultura do cancelamento vem crescendo muito nas redes sociais, onde as pessoas julgam umas às outras de acordo com os erros que elas cometem e inocentando as demais que, segundo elas, não cometeram mal algum. Será mesmo que podemos dizer que uns são melhores do que os outros de acordo com as suas atitudes?

ONDE ENCONTRAR NA BÍBLIA?

ROMANOS 3:10
Como afirmam as Escrituras: "Ninguém é justo, nem um sequer".

ISAÍAS 64:6
Estamos todos impuros por causa de nosso pecado; quando mostramos nossos atos de justiça, não passam de trapos imundos. Como as folhas das árvores, murchamos e caímos, e nossos pecados nos levam embora como o vento.

ROMANOS 5:8
Mas Deus nos prova seu grande amor ao enviar Cristo para morrer por nós quando ainda éramos pecadores.

FALANDO SOBRE O ASSUNTO

🔊 **Eu sou mesmo pecador?**

De acordo com a Bíblia: "Não há uma única pessoa na terra que sempre faça o bem e nunca peque" (ECLESIASTES 7:20). A Palavra de Deus também afirma que "Há caminhos que a pessoa considera corretos, mas [eles] acabam levando à estrada da morte" (PROVÉRBIOS 14:12). Desse modo, podemos entender que somos seres maus e pecadores por natureza conforme as Escrituras: "Porque todos pecaram e destituídos estão da glória de Deus" (ROMANOS 3.23 ARC), "Quando Adão pecou, o pecado entrou no mundo, e com ele a morte, que se estendeu a todos, porque todos pecaram" (5:12).

🔊 **Posso ser perdoado?**

De acordo com a Palavra de Deus, podemos sim ser perdoados. Isso não significa que nunca mais pecaremos ou que nunca mais agiremos mal, mas que através de Cristo somos justificados. Deus nos diz que "Se afirmamos que não temos pecados, enganamos a nós mesmos e vivemos na verdade. Mas, se confessamos nossos pecados, ele é fiel e justo para perdoar nossos pecados e nos purificar de toda injustiça" (1 JOÃO 1:8-9).

O que posso fazer por aqueles que praticam o mal?

"Vocês ouviram o que foi dito: 'Ame o seu próximo' e odeie o seu inimigo. Eu, porém, lhes digo: amem os seus inimigos e orem por quem os persegue" (MATEUS 5:43-44). Nosso dever é orar por eles para que um dia eles conheçam a Jesus Cristo e possam também se arrepender de seus pecados e confessá-los a Deus, pois "Se [amarmos] apenas aqueles que [nos] amam, que recompensa [receberemos]? Até os cobradores de impostos fazem o mesmo" (v.46).

QUESTÕES PARA DEBATE

1. Você tem confessado seus pecados a Deus? De acordo com sua resposta, o que isso tem trazido à sua vida?
2. Você tem orado por aqueles que ainda não conhecem a Deus? Se não, o que tem o impedido?
3. O que você tem feito para agir diferentemente daqueles que entendem o pecado como algo normal nas redes sociais e na prática cotidiana?

ORAÇÃO

Senhor Deus, agradeço-te por perdoares os meus pecados por meio de Cristo. Ajuda-me diariamente a vencer a cultura do pecado instalada em nossa sociedade, para que ela não afete a minha vida e o meu relacionamento contigo. Em nome de Jesus, amém!

STEPHANIE SIMEIA
Biotecnologia — PUC/PR

Aplicativo Pão Diário UNIVERSITÁRIOS

BAIXE AGORA!

APONTE A CÂMERA DO SEU CELULAR PARA O QR CODE.

Acesse o site, **baixe** o App **e seja abençoado** com este presente!